자유의지

자유의지

FREE WILL

마크 발라규어Mark Balaguer 지음
한정라 옮김

• • •

이 책을

나의 남매, 엘렌 발라규어와 폴 발라규어에게 바친다.

그들은 내가 기억하기 전부터 항상 거기 나를 위해 있다.

차례

시리즈 서문

매사추세츠 공과대학교 필수 지식MIT Press Essential Knowledge 시리즈는 최근의 관심 주제들에 대해 한 손으로 들고 다니기 쉽고 간결하고 아름답게 제작된 포켓 크기의 책자를 제공한다. 주도적인 사상가들이 저술한 이 시리즈의 책들은 문화와 역사에서 과학과 기술에 이르는 주제들에 대한 전문적인 개요를 제공한다.

오늘날 즉각적인 정보 만족 시대에서 개인적 의견, 여러 합리화, 피상적 설명들은 쉽게 얻을 수 있다. 그러나 세상에 대한 원론적 이해를 제공하는 기초 지식을 구하기는 무척 어렵다. 필수 지식 도서들은 그 필요를 채운다. 내용이 꽉 찬 단행본들은 비전문가들을 위해 전문적 주제를 종합하고 중대한 화제를 기본 원칙과 맞물리게 함으로써 독자에게 복잡한 개념에 접근할 수 있는 기회를 제공한다.

매사추세츠 공과대학교 생물공학 및 컴퓨터 과학 교수
브루스 티도어Bruce Tidor

감사의 말

이 책의 초기 초안에 유용한 피드백을 제공해 준 분들에게 감사를 드리고 싶다. 대부분이 가족이다. 엘렌 발라규어Ellen Balaguer, 마르셀라 발라규어Marcella Balaguer, 멜코어 발라규어 Melchor Balaguer, 폴 발라규어Paul Balaguer, 주디 펠드만Judy Feldmann, 마이클 맥케나Michael McKenna 및 익명의 심사위원 두 분.

1

서론

❖

지난 몇 년 동안 몇몇 사람들은 인간에게 자유의지가 없음을
과학이 보여주었다고 주장했다. 대니얼 웨그너Daniel Wegner(하버
드 대학교의 심리학자) 그리고 샘 해리스 Sam Harris(신경과학자이며
여러 "대중 철학" 관련 저서의 저자) 같은 사람들은 특정 과학적 발
견들이 자유의지가 환상임을 폭로한다고 주장한다.

　이것이 참이라면 그리 명예롭지 않을 것이다. 또한 실제로
우리에게 자유의지가 있어 보이기 때문에 놀라울 것이다. 우리
의 시시각각의 행동은 우리가 자유롭게 내린 의식적 결정들에
의해 정해지는 것 같다. 예를 들어 내가 소파에 누워 TV를 보
다가 갑자기 일어나서 산책하기로 결정한다고 하자. 내가 일어
나서 산책을 갔던 이유는 내가 그렇게 하려는 의식적 결정을 내
렸기 때문인 것 같다. 나는 TV를 계속 보았을 수도 있었고 아
니면 완전히 다른 어떤 것을 했을 수도 있었다. 저런, 나는 나
를 녹색으로 칠하고 사악한 리투아니아 공중 곡예사 공연단 일
당들과 사투를 벌이는 인크레더블 헐크Incredible Hulk로 위장했을
수도 있었다. 그러나 나는 하지 않았다. 산책을 갔다. 그리고

산책했을 때 나의 자유의지를 실행했다. 또는 우리에게 그렇게 보인다. 그러나 웨그너와 해리스 같은 사람의 생각이 옳다면, 우리 모두에게 있는 이런 자유감은 환상이다. 그들의 견해로는 우리에게 실제로 자유의지는 없다. 다른 말로 하면, 우리는 우리가 하는 것에 대해 진정한 선택권이 없다. 오히려 그들의 견해로는 우리의 모든 행위란 전적으로 우리의 통제를 완전히 벗어나 있는 것들에 의해 야기된다caused. 그리고 다시 이들에 의하면, 우리에게 자유의지가 없다는 주장을 지지해 주는 과학적 증거가 있다.

필자는 이런 사람들을 신뢰하지 않는다. 과학을 신뢰하지 않는다는 말이 아니다. 오히려 과학을 정말 신뢰한다. 과학은 세상에 관한 지식을 획득해 가는 우리가 지닌 최선의 방법이라고 생각한다. 필자는 단지 사람을 신뢰하지 않는다. 그리고 어떤 정신 나간 주장이 참임을 과학이 보여주었다고 말하는 사람들을 정말 신뢰하지 않는다. 이제, 필자의 말을 오해하지 않기 바란다 ─ 필자는 정신 나간 많은 주장이 참임을 과학이 보여주었다는 것을 충분히 알고 있다. 그러나 정신 나간 소리로 들리는 어떤 결과가 참임을 과학이 정당하게 확립했던 모든 경우마다, 과학이 그것을 확립했음을 그릇되게 주장하는 수천 경우가 있다. 그러므로 여기에서 교훈은 이것이다. 과학이 어떤 정신 나간 결론을 확립했다고 실험복을 입은 박사가 말한다고 해서 그것이 정말 참임을 뜻하지는 않는다. 물론 그것이 거짓이라는 뜻도 아니다. 필자의 주장은 간단하다. 우리 스스로가 그것을 확인해야 한다.

그러므로 필자는 우리에게 자유의지가 없음을 과학이 확립했을 수 있다는 생각에 완전히 열려 있다. 결국, 우리의 의사결정 과정은 두뇌 과정이다. 특히 그것은 신경 과정이며, 신경 과정은 분명 과학적 탐구의 영역이다. 신경과학이 하는 일이 바로 신경 과정의 연구이다. 그러므로 신경과학자들이 우리에게 자유의지가 없음을 발견할 수 있었을 가능성이 정말 있다. 단지 그들이 이것을 발견했다는 데 확신이 서지 않는다. 그래서 필자 스스로 살펴보고 그들이 맞는지 보고 싶다.

그것이 바로 이 책의 내용이 될 것이다. 인간에게 자유의지가 없다는 주장을 옹호하며 제기했던 다양한 논증과 과학적 실험을 논의하고 평가하고자 한다. 이 책의 끝에서 우리는 그 다양한 논증이 쓸 만한지에 대한 물음에 답할 수 있을 것이다. 달리 말해, 자유의지에 대한 우리의 믿음을 포기할 만한 타당한 이유가 우리에게 정말 있는지 여부를 말할 수 있을 것이다.

더 나아가기 전에 앞으로 우리의 논의와 관련될 주제를 꺼내고 싶다. 대체로 우리는 인간 본성에 대해 상이한 두 관점을 지지할 수 있다. 두 관점은 다음과 같이 요약될 수 있다.

정신적·종교적 인간관the spititual, religious view of humans   모든 사람에게는 불멸의 영혼, 즉 비물리적 정신이 있는데 그것은 물리적 몸과 완전히 구별되며 어떻게든 몸을 "조종하고" "몸에게 무엇을 할지 말한다". 예를 들어, 당신이 갈증을 느껴 물을 마시러 부엌으로 가려고 의식적으로 결정한다면, 이런 의식적 결정을 내리고 당신 몸을 일으켜 걷기 시작하도록 야기하는 것은 당신의 영혼이다.

유물론적·과학적 인간관the materialistic, scientific view of humans 인간은 물리적 몸에 지나지 않는다. 몸 이외에 어떤 비물리적인 영혼도 존재하지 않는다. 그러므로 당신을 당신이게 만든 당신에 관한 모든 것은 당신의 뇌 안에서 찾을 수 있다. 당신의 믿음과 욕구, 희망과 공포, 기억, 사랑과 미움의 감정들 – 이것들 모두는 당신의 뇌에 신경 경로들로 코드화 되어 있다. 그래서 왜 당신이 일어나 부엌으로 걸어갔는지를 알고 싶다면, 우리는 단지 당신의 뇌를 들여다보기만 하면 된다. 여기 말고 봐야 할 곳은 없다. 왜냐하면 비물리적인 영혼은 없기 때문이다. 당신의 갈증은 당신 뇌에 신경으로 코드화 된 물리적인 것이었다. 더욱이 물을 마시러 가는 당신의 의식적 결정 또한 물리적이었다 – 그것은 당신 뇌에서 일어난 물리적인 신경 사건이었다. 그리고 이

"

우리에게 자유의지가 없음을

신경과학자들이 발견할 수 있었을 가능성이 정말 있다.

단지 그들이 이것을 발견했다는 것에

확신이 서지 않는다.

"

신경 사건이 당신의 근육을 움직이게 야기했다. 이렇게 계속 나아간다.

이 두 견해 간의 논쟁은 명백하게 열띠며 그 자체로도 논란이 많기에 여기에서 이 논쟁을 해결하려고 하지는 않는다. 그러나 이 두 인간관의 차이는 몇 가지 이유로 우리의 주제에서 중요하다. 주목할 첫 번째 요지는 자유의지에 대한 과학적 반대자들이 ─ 우리에게 자유의지가 없음을 과학이 보여주었다고 생각하는 웨그너와 해리스 같은 사람들 ─ 보통 유물론적·과학적 인간관 같은 견해를 가정한다는 점이다.

이제 이 점을 고려해서 당신은 "그러므로 내가 신의 존재를 믿고 나에게 비물리적인 영혼이 있다고 믿는다면, 이런 사람들이 제시한 논증들에 대해 걱정할 필요가 없다"고 생각할지도 모른다.

그러나 이 생각이 맞는지는 분명하지 않다. 영혼의 존재를 믿는다는 것이 문제를 해결하지는 못할 것이다. 달리 말해, 비록 당신이 정신적·종교적 인간관을 지지하더라도 ─ 우리 모두가 우리의 몸을 조종하는 비물리적인 영혼을 소유한다고 믿을지라도 ─ 당신은 이 믿음을 자유의지 반대 논증들을 회피하기 위해 사용할 수 없을 것이다. 반反자유의지 논증들은 그럼에도 여전히 전진할 것이다. 우리는 이점을 고려해야만 한다.

아무튼 정신적·종교적 관점으로 반자유의지 논증을 저지할 수 있을지에 대해 무슨 말을 하든지 간에, 필자는 우리가 비물리적인 영혼의 존재를 믿건 안 믿건 우리 모두에게 소용 있는 반자유의지 논증들에 대한 대응을 찾는 데 시간을 더 많이 쓰려고 한다. 이러는 중에 논의의 편의를 위해 유물론적·과학적 인간관이 옳다고 종종 가정하고 있을 것이다. 다시 말해, 필자가 대답하려는 질문은 인간에게 비물리적인 영혼이 없다고 가정해도 반자유의지 논증에 대응하는 방법을 찾을 수 있느냐이다. 만약 유물론자들이 반자유의지 논증에 대응하는 방법을 찾을 수 있다면, 정신적·종교적 관점의 옹호자들도 비슷한 방법으로 대응할 수 있어야 한다고 생각한다. 그러므로 이런 식으로 나아가면서 실제로 모든 사람에게 소용 있는 대응을 물색할 것이다.

그런데 공개의 정신에 따라 — 그러면 당신은 여기서 누구의 말을 듣고 있는지 안다 — 카드를 정직하게 펼쳐 보이겠다. 필자는 신의 존재도 비물리적인 영혼의 존재도 믿지 않는다. 미친개처럼 입에 거품을 물고 외치는 무신론자는 아니다. 단지 신이나 비물리적인 영혼 같은 것들이 있다는 것을 믿지 않을 뿐이다. 그러나 이러한 견해가 이 책에서 실제로 문제가 되지는 않을 것이다. 왜냐하면, 다시 말하지만, 필자는 우리 모두에게 소용 있는 반자유의지 논증에 대한 대답을 찾고 있으며, 게다가 유물론을 포기하고 우리 모두에게 비물리적인 영혼이 있다는 생각을 승인함으로써 과연 반자유의지 논증들을 피해갈 수 있을지에 대한 문제를 다루고자 하기 때문이다.

일에 착수하기 전에 자유의지가 중요하다는 사실에 대해 무엇인가를 말해야만 할 것이다. 이 주제로 글을 쓰는 사람들이 자주 언급하는 요지는 이것이다. 그들은 자유의지가 도덕, 종교, 정치, 법체계에서 핵심이라고 말한다. 우리가 우리 자신을 인간으로 개념화하는 데 자유의지가 결정적으로 중요하다는 말이다.

이 모두가 맞는 말일지 모르지만 수상한 냄새가 난다. 이 말은 자유의지에 대한 글을 쓰겠다는 결정을 정당화하려는 시도처럼 들린다. 게다가 이처럼 교양 있고 고상하게 들리는 숙고들은 자유의지가 있는지를 묻는 질문에 우리가 관심을 갖는 가장 중요한 이유를 포착하는 데 실패한다고 생각한다. 가장 중요한 이유는 우리가 자유의지를 원한다는 것이다. 우리는 아이스크림과 행복과 섹스를 원하는 똑같은 이유로 자유의지를 원한다 — 좋기 때문이다. 자유의지는 바로 우리 모두가 원하는 본래적으로 좋은 것이다. 그러므로 우리에게 자유의지가 없다고 — 자유의지라는 느낌은 환상이라고 — 밝혀진다면, 이는 정말 나쁠 것이다.

그러나 자유의지가 본래 바람직하다 하더라도, 그것이 다른 것들에 대한 수단으로서도 중요하다는 점 역시 맞는 말일 것이다. 예를 들어, 당신은 범죄자를 다루는 방법을 정당화하기 위해 자유의지가 필요하다고 생각할 수도 있다. 사람에게 자유의지가 없다면 어느 누구도 처벌받아 마땅한 사람은 없다고 생각할지도 모른다. 예를 들어, 찰스 린드버그Charles Lindbergh의 아기를 납치해서 살해한 혐의로 유죄 판결을 받은 브루노 하우프트만Bruno Hauptmann의 경우를 살펴보자. 대부분의 사람들은 하우프트만이 실제로 유죄 선고를 받으면 범죄로 인해 그는 처벌받아 마땅하다고 말할 것이다. 그러나 그에게 자유의지가 전혀 없었다면 — 그의 행위들이 그의 통제를 완전히 벗어난 것들에 의해 야기되어 그가 한 일에 대해 진정한 선택권이 전혀 없었다면 — 그의 행위가 그의 잘못이고 그를 비난하는 것이 공정하다고 보기 어렵다. 그럼에도 우리는 이런 범죄자들을 계속 감금할 것이다 — 단지 우리 자신을 보호하기 위해서. 그러나 그들에게 자유의지가 없다면, 그들이 이런 대우를 받아 마땅하다고 보기 어렵다.

이 주장 배후에 있는 도덕적 사고가 맞을 수도 있겠지만, 여기에 뭐라도 진짜 실용적인 용도가 있다고 믿는 데 애를 먹었다. 사람에게 자유의지가 없음을 완전히 확신하게 되더라도 변할 것은 그다지 없을 것이다. 며칠 동안은 큰 뉴스가 되겠지만 우리는 곧 지루해져서 린제이 로한Lindsay Lohan이 음주 운전으로 단속에 걸렸다는 것과 같은 그다음의 큰 뉴스로 옮겨갈 것이다. 그리고 인간에게 자유의지가 없다는 발견 이후 누군가가 당신의 아기를 납치하여 살해한다면, 당신이 도덕적 분노를 느낄 것이라고 장담한다. 당신은 자유의지가 있건 없건 살인자는 당연히 처벌받아 마땅하다고 마음속으로 느낄 것이다.

사람은 다 거기서 거기라서 우리에게 자유의지가 없음을 정말 알게 되어도, 무엇인가 많이 변하리라고 생각하지 않는다. 그러나 그것이 큰 뉴스가 아닐 것이라는 뜻은 아니다. 큰 뉴스이다. 그리고 나쁜 뉴스일 것이다. 더 이상 초콜릿이 없음을 알아가는 것과 같을 것이다. 우리가 초콜릿 없이 지내야만 하리라는 것을 알게 되어도 세상이 끝난 것은 아닐 것이며, 며칠 안에 우리는 새로운 것으로 옮겨갈 것이다. 바닐라와 캐러멜을 더 먹기 시작할 것이고, 이것이 그 일의 끝이 될 것이다. 그러나 이는 우리가 초콜릿을 좋아하며 초콜릿 없는 인생을 원하지 않는다는 사실을 바꾸지 않는다. 자유의지에 대해서도 마찬가지이다.

(이 책에 대한 익명의 심사위원은 어떤 사람들은 초콜릿을 좋아하지 않는다는 이유로 여기에 반대했다. 이것이 사실이라면 물론 이 논쟁에 치명적일 것이다. 그러나 필자는 그것을 추호도 믿지 않는다. 초콜릿을 좋아하지 않는다고 주장하는 사람들 대부분이 주차장 컨테이너 뒤에서 스니커즈 초콜릿을 몰래 챙기는 모습으로 자주 발각될 수 있는 비열한 거짓말쟁이들이며, 자신들이 초콜릿을 좋아하지 않는다고 정직하게 믿는 나머지 소수들은 그저 혼란스러워한다. 그들은 통상 정말 올바른 환경에

서 초콜릿을 먹어보지 않았다. 당신이 이 범주에 든다면, 커튼을 치고, 침대에 누운 채, 이불 속에서, 〈세상이 돌아갈 때As the World Turns〉 재방송을 보면서, 사라 리Sara Lee 초콜릿 케이크 하나를 통째로 먹어보라. 그 결과 에 깜짝 놀랄 것이다.)

자유의지 반대 사례

❖

반자유의지 논증들을 소개하면서 시작하고자 한다. 이 논증들이 어떤 쓸모가 있을지를 파악해 보려 할 것이나, 이번 장에서는 단지 자유의지 반대론자들이 생각해 낼 수 있는 가능한 한 가장 강한 방식으로 그 논증들을 추진해 보고자 한다. 반자유의지 논증의 배후 핵심 사상은 **결정론**이므로 거기에서 시작할 것이다.

결정론 determinism

당구공을 생각해 보면서 시작하자. 당신이 다른 공을 맞추는 큐볼 cue ball로 8번 검은색 공을 쳐서 그 공이 코너 포켓 속으로 들어갔다고 가정하자. 큐볼이 8번 공을 치는 방식을 감안할 때 ― 정확한 충격력과 큐볼이 회전하는 정확한 방식을 감안할 때 ― 8번 공이 할 수 있는 것은 오직 단 한 가지뿐이었던 것처럼 보인다. 달리 말해, 큐볼이 8번 공을 치는 방식이 8번 공이 그다음에 취

할 경로를 결정했다고 볼 수 있다. 8번 공은 그 밖에 다른 어떤 것을 할 수 없었던 것이다. 당신은 이것을 물리법칙으로 생각할 수 있다. 8번 공은 물리법칙, 또는 자연법칙을 따르는 방식으로 행동할 수밖에 없었다고 보인다.

결정론은 모든 사건이 이와 같다는 견해이다. 모든 물리적 사건은 자연법칙과 더불어 이전 사건들에 의해 전적으로 야기된다completely caused. 또는 요점을 달리 말하자면, 모든 사건에는 그것이 일어날 수 있었던 유일무이한 방식으로 그것을 일어나게 만든 원인이 있다는 견해이다.

(사실, 이것은 결정론을 다소 개략적으로 특징지은 것이다. 당신이 결정론에 대한 정확한 정의를 원한다면, 자연법칙에 대한 완전한 진술은 어떤 특정 시간의 우주에 대한 완전한 서술과 함께 나중 모든 시간의 우주에 대한 완전한 서술을 논리적으로 함의한다는 견해라고 말할 수 있다.)

그러나 우리가 결정론을 어떻게 정의하건, 여기에서 말하고 싶은 요점은 직관적으로 옳아 보인다. 실제로 이 요점은 더할 수 없이 명백해 보일 수 있다. 그 이유를 보기 위해 당구공이 관련된 다른 사례를 살펴보자. 우리가 각자 바로 옆에 공을 하나씩 놓고서 각자의 당구채로 그것들을 동시에, 매우 가볍게 쳤다고 가정하자. 그리고 내 공은 12인치를 굴러가서 멈춘 반면, 당신의 공은 12.1인치를 굴러가서 멈추었다고 가정하자.

이 점을 고려하며 다음 질문을 해보자. 왜 당신의 공이 내 공보다 멀리 나아갔는가?

글쎄, 분명한 대답은 각자의 공을 칠 때 당신이 공을 조금 더 세게 쳤다는 것이다. 그러나 물론 다른 가능한 설명도 있을 것이다. 우리가 같은 힘으로 공을 쳤지만 당신 공의 무게가 내 것보다 조금 덜 나갔을 수도 있다. 아니면 내 공이 굴러갔던 테이블 부분에 마찰이 좀 더 있었을 수도 있다. 아니면 무엇이건 가능하다. 우리가 위의 질문에 대한 대답을 모를 수 있을지라도 대답이 반드시 있어야 함은 분명해 보인다. 그러나 누군가가 우리의 질문에 이렇게 말하며 대응한다고 상상해 보자.

당신의 공이 더 멀리 간 이유는 없다. 그냥 그렇게 되었다. 두 공의 질량은 정확히 똑같았다, 그것들은 정확히 똑같은 힘으로 맞았다, 테이블의 두 부분에는 정확히 동등한 양의 마찰이 있었다, 등등. 즉, 두 경우에 어떤 차이가 전혀 없었다. 한 공이 다른 공보다 단지 더 멀리 갔고, 그것이 전부다. 달리 말해, 이것이 일어나게 야기한 것은 아무것도 없었다. 그것은 그냥 그렇게 되었다.

직관적으로, 이것은 말도 안 되게 보인다. 이 짧은 생각에는 다음과 같이 대응하는 것이 매우 당연해 보일 것이다.

도대체 무슨 말을 하고 있는가? 물리적 사건들은 그냥 일어나지 않는다. 한 공이 다른 공보다 더 멀리 갔다면, 이유가 반드시 있다. 무엇인가가 그것을 더 멀리 가도록 야기했어야만 한다.

이 말은 옳아 보인다. 그러나 이 말이 바로 결정론자가 하려고 했던 말임에 주목하라. 사건들이 그냥 일어나지 않는다는 말은 모든 사건은 이전 사건들에 의해 전적으로 야기된다는 말과 본질적으로 같다.

그러므로 다시, 결정론은 매우 그럴듯하게 보인다. 그러나 결정론에 매우 파격적인 어떤 귀결들이 따른다는 점에 주목하는 것도 중요하다. 예를 들어 결정론이 참이라면, 130억 년 전 빅뱅이 일어나자마자 우주의 전체 역사는 이미 정해졌다. 달리 말해, 모든 일이 일어났던 그대로와 정확히 똑같이 일어날 것이라고 이미 결정되었다. 예를 들어 2011년 일본에서 쓰나미가 있을 것임은 이미 결정되었다. 왜? 결정론이 참이라면, 어떤 일이 일어날 때마다 그다음에 일어날 수 있는 일은 오직 하나뿐이기 때문이다. 그러므로 일단 빅뱅이 일어나자 그다음 사건은 물리법칙에 의해 우리에게 강요되었다. 그다음 사건도 마찬가지로 우리에게 강요되었다. 그리고 마찬가지로 다음 사건과 그다음 사건, 그다음 사건도 모두 전 역사를 통해 똑같이 일어났다. 그러므로 결정론에 의하면, 일단 빅뱅이 일어난 다음에는

2011년 쓰나미로 가는 13억 년 행진은 한 걸음 한 걸음이 정말 불가피했다. 이는 꽤 파격적인 주장이다.

고전적 반자유의지 논증classical argument against free will

결정론이 참이라는 가정에 근거한 매우 오래된 반자유의지 논증이 있다. 결정론이 참이라면, 2011년 일본에서 쓰나미가 있을 것임은 빅뱅이 일어난 직후인 130억 년 전에 이미 정해졌다. 그러나 이것이 전부가 아니다. 이 요지는 우리에게도 마찬가지로 적용된다. 예를 들어, 그 악명 높았던 해에 ─ 실제로, 쓰나미가 일어났던 몇 주 동안 ─ 영화배우 찰리 쉰Charlie Sheen이 국영 TV에 출연해 자신은 마법사일 뿐만 아니라 "아도니스 유전자 Adonis DNA"(생물학자들에게서 얻은 것으로 짐작되는 용어)가 있음을 선포할 것임도 이미 정해져 있었다. 또는 조금 더 정곡을 찌른다면, 당신이 이 책을 지금 읽고 있을 것도 이미 정해져 있었다. 사실상 결정론이 참이라면, 당신이 지금까지 행한 모든 것은 ─ 당신이 지금까지 했던 모든 선택은 ─ 130억 년 전에 이미 결정되어 있었다. 그러나 이것이 참이라면 자유의지에 분명히 영향을 미친다.

　당신이 아이스크림 가게에서 줄을 서서 기다리며 초콜릿 아이스크림을 주문할지 바닐라 아이스크림을 주문할지 결정하려한다고 가정하자. 그리고 맨 앞줄에 이르렀을 때 초콜릿 아이스크림을 주문하기로 결정했다고 하자. 이 선택이 당신 자유의지의 산물이었을까? 글쎄, 만약 결정론이 참이라면 당신의 선택은 전적으로 이전 사건들에 의해 야기되었다. 직접적인immediate 결정 원인은 선택하기 바로 전 당신 뇌에서 일어났던 신경 사건이었다. 그런데 물론 결정론이 참이라면 당신의 결정을 야기했던 그런 신경 사건들에게도 물리적 원인들이 있었다. 그것들은 더 이전의 사건들 ― 그것들이 일어나기 바로 전에 일어났던 사건들 ― 에 의해 야기되었다. 이렇게 계속 과거로 거슬러 올라간다. 이에 따라 당신이 아기였을 때, 즉 당신 인생의 바로 첫 사건까지 거슬러 올라갈 수 있다. 사실상 그보다 더 이전으로 거슬러 올라갈 수 있는데, 왜냐하면 결정론이 참이라면 그 첫 번째 사건들 또한 이전 사건들에 의해 야기되었기 때문이다. 우리는 당신이 잉태되기 전에 일어났던 사건들, 즉 당신의 부모와 키안티Chianti 한 병이 관련된 사건들로 계속 거슬러 올라갈 수 있다.

따라서 결정론이 참이라면 맨 앞줄에 이르렀을 때 초콜릿 아이스크림을 주문할 것임은 당신이 태어나기 이전에 이미 정해져 있었다. 그러나 이것이 참이라면 당신은 자신의 자유의지로 초콜릿 아이스크림을 주문하지 않았다는 것이 되는 것 같다.

> 결정론이 참이라면,
> 당신이 지금까지 행한 모든 것은
> ― 당신이 지금까지 했던 모든 선택은 ―
> 130억 년 전에 이미 결정되어 있었다.

그리고 당연히, 우리의 모든 결정에 대해서도 똑같이 말해질 수 있다. 결정론이 참이라면, 누구든 인간이 했던 모든 선택은 태양계가 존재하기 수십억 년 전에 일어난 사건들에 의해 이미 선결정 되어 있었다. 따라서 결정론이 참이라면, 인간에게는 자유의지가 없어 보인다.

이것을 고전적 반자유의지 논증이라 부르자. 이 논증은 결정론이 참이라고 가정하고 거기에서부터 우리에게 자유의지가 없다고 주장하면서 진행한다.

결정론은 정말 참인가?

고전적 반자유의지 논증에는 큰 문제가 있다. 그것은 그저 결정론이 참임을 가정한다. 결정론은 곧 상식적으로 자명한 진리라는 것이 논증 배후에 있는 생각으로 보인다. 그러나 실제로 결정론은 상식적으로 자명한 진리가 아니다. 직관적으로는 결정론이 옳아 보인다고 앞에서 언급했다. 그러나 상식이나 직관으로는 결정론이 참임을 알 수 없다는 것이 20세기 물리학의 주요 교훈 중 하나이다. 결정론은 물리 세계의 작동에 대해 논란이 많은 가설이다. 우리는 결정론이 참이라는 것을 오직 어떤 고차원의 물리를 행하면서 알 수 있었을 뿐이다. 게다가 — 그리고 이것은 20세기 물리학의 또 다른 교훈이다 - 지금 현재 우리에게는 결정론에 대한 무슨 좋은 증거도 없다. 달리 말해, 최선의 물리 이론들은 결정론이 참인지 아닌지를 묻는 질문에 대답하지 않았다.

고전물리학 또는 뉴턴 물리학의 시대에는 결정론이 참이라는 믿음이 광범위하게 퍼져 있었다. 그러나 19세기 후반과 20세기 초반 물리학자들이 뉴턴의 이론에서 몇 가지 문제점을 발견하기 시작하면서, 결국 뉴턴의 이론은 새로운 이론 - 양자역학 - 으로 대체되었다. (실제로 그것은 양자역학과 상대성 이론이라는 새로운 두 이론으로 대체되었다. 그러나 상대성 이론은 자유의지 문제와 관련이 없다.) 양자역학에는 이상하고 흥미로운 몇 가지 특징이 있는데, 자유의지와 관련된 특징은 이 새로운 이론이 포함하는 법칙이 결정론적이라기보다 **확률론적**이라는 점이다. 이것이 무엇을 의미하는지는 매우 쉽게 이해할 수 있다. 대략적으로, 결정론적 자연법칙은 다음과 같다.

만약 당신에게 상태 S의 물리적 시스템이 있어서 이 시스템에서 실험 E를 수행한다면, 결과 O를 얻을 것이다.

그러나 양자역학은 다음과 같은 확률론적 법칙을 갖고 있다.

만약 당신에게 상태 S의 물리적 시스템이 있어서 이 시스템에서 실험 E를 수행한다면, O1과 O2라는 서로 다른 두 개의 가능한 결과를 얻을 것이다. 게다가 O1 결과를 얻을 확률도 50%이며 O2 결과를 얻을 확률도 50%이다.

이로부터 무엇이 뒤따를지에 주목하는 것이 중요하다. 우리가 하나의 물리적 시스템을 택해, 그것을 상태 S에 넣고, 거기에서 실험 E를 수행한다고 가정하자. 이제 우리가 이 실험을 수행할 때 결과 O1을 얻는다고 하자. 마지막으로, 우리가 다음과 같이 질문한다고 하자. "왜 우리는 O2가 아니라 O1을 결과로 얻었는가?" 주목해야 할 것은 양자역학은 이 질문에 대답하지 않는다는 점이다. 양자역학은 우리가 어째서 O2가 아니라 O1을 결과로 얻었는지 어떤 설명도 해주지 않는다. 달리 말해, 양자역학에 관한 한, 우리가 결과 O1를 얻도록 야기한 것은 아무것도 없었다. 그것은 그냥 일어났을 수 있다.

널리 알려진 대로 아인슈타인Einstein은 이것이 이야기 전체가 될 수 없다고 생각했다. 일찍이 그가 "신은 우주에서 주사위 놀이를 하지 않는다"는 말을 했다고 들었을 것이다. 근본적인 자연법칙들은 확률적일 수 없다는 것을 뜻하고자 한 말이다. 아인슈타인의 생각에 근본적 법칙들은 다음에 무엇이 일어날 것인지를 우리에게 말해 주어야만 한다. 무엇이 아마도 일어날지,

또는 일어날 수도 있을지를 말해 주는 것이 아니다. 그래서 아인슈타인은 양자 수준 아래에 실재의 숨겨진 층a hidden layer of reality 이 있어야만 한다고 생각했다. 그리고 이 숨겨진 층을 발견할 수 있다면 양자역학의 확률론적 법칙을 제거하고 이를 결정론적 법칙으로 대체할 수 있다고 생각했다. 결정론적 법칙은 그저 그다음에 아마도 무엇이 일어날지를 말해 주는 것이 아니라 무엇이 일어날 것이라고 우리에게 말해 주는 법칙이다. 그리고 물론, 우리가 이것을 할 수 있다면 − 우리가 실재의 이 숨겨진 층과 이런 결정론적 자연법칙들을 발견할 수 있다면 − 어째서 O2 대신 O1을 결과로 얻었는지 설명할 수 있을 것이다.

그러나 다른 많은 물리학자가 − 베르너 하이젠베르크Werner Heisenberg와 닐스 보어Niels Bohr가 가장 주목할 만하다 − 아인슈타인의 생각에 동의하지 않았다. 그들은 실재의 양자층이 맨 아래층이며, 근본적인 자연법칙 − 또는 어쨌든, 이 법칙들의 일부 − 은 확률론적 법칙이라고 생각했다. 그런데 이것이 옳다면, 적어도 어떤 물리적 사건은 이전 사건에 의해 결정론적으로 야기되지 않는다는 뜻이다. 이는 어떤 물리적 사건은 그냥 일어난다는 뜻이다. 예를 들어, 하이젠베르크와 보어가 옳다면, O2가 아니라 O1를 얻도록 야기한 것은 아무것도 없다. 왜 이런 일이 일어났는지에 대한 이유는 없다. 그냥 그렇게 되었다.

한쪽에는 아인슈타인 다른 쪽에는 하이젠베르크와 보어가

있던 논쟁은 우리의 논의에 결정적으로 중요하다. 아인슈타인은 결정론자이다. 그가 옳다면, 모든 물리적 사건은 선결정 된다 — 또는 달리 말하면, 이전 사건들에 의해 전적으로 야기된다. 그러나 하이젠베르크와 보어가 옳다면, 결정론은 틀렸다. 그들 견해로는, 모든 사건이 과거와 자연법칙에 의해 선결정 되는 것은 아니다. 어떤 것들은 아무런 이유가 없어도 그냥 일어난다. 달리 말해, 하이젠베르크와 보어가 옳다면 비결정론indeterminism이 참이다.

여기에 정말로 중요한 요점이 있다. 아인슈타인과 같은 결정론자와 하이젠베르크, 보어와 같은 비결정론자 사이의 논쟁은 결코 해결되지 않았다. 우리에게는 어느 쪽을 편들 만한 좋은 증거가 없다. 양자역학은 여전히 원자보다 작은 아원자subatomic 세계에 대한 최선의 이론이지만, 우리는 양자층 아래에 실재의 또 다른 층의 존재 여부를 정말 모른다. 따라서 모든 물리적 사건이 이전 사건에 의해 전적으로 야기되는지의 여부도 모른다. 달리 말해, 우리는 결정론이 참인지 아니면 비결정론이 참인지를 모른다. 미래의 물리학자들이 이 문제를 해결할 수도 있겠지만, 지금 현재로서는 그 답을 모른다.

그런데 이제 결정론이 참인지 거짓인지 모른다면 이는 고전적 반자유의지 논증을 전적으로 약화시킨다는 데 주목하라. 그 논증은 결정론이 참이라고 그냥 가정했다. 그러나 이제 결정론을 믿을 만한 어떤 타당한 이유도 없음을 안다. 결정론이 참인지 여부를 묻는 질문은 물리학자들에게 미해결된 질문이다. 그러므로 고전적 반자유의지 논증은 실패이다 — 그것은 자유의지가 없다고 결론 내릴 어떤 타당한 이유도 주지 않는다.

새롭고 개선된 반자유의지 논증들

우리는 방금 고전적 반자유의지 논증이 작동하지 않음을 밝혔다. 그러나 자유의지 반대론자들은 이것으로 완전히 굴복하지 않는다. 그들은 아직도 자유의지에 반대하는 강력한 논증이 있다고 생각한다. 사실상 그들은 그러한 논증이 두 가지 있다고 생각한다. 이들 논증 모두 고전적 논증을 바로잡는 시도로 생각될 수 있다. 그러나 앞으로 보게 되듯이 두 논증은 완전히 다른 방식으로 이를 행한다.

첫 번째 반자유의지 논증: 무작위 −또는− 선결정 논증the Random-Or-Predetermined Argument

첫 번째 반자유의지 논증은 비록 결정론이 참이 아닐지라도 여전히 우리에게 자유의지가 없다는 생각에 근거한다. 어째서 많은 사람이 이를 믿는지 보기 위해 초콜릿 아이스크림을 주문하기로 한 당신의 결정으로 돌아가 보자. 여기에는 두 가지 다른 가능성이 있다.

1. 당신의 선택은 이전 사건들에 의해 야기되었다.
2. 당신의 선택은 이전 사건들에 의해 야기되지 않았다.

문제는 두 개의 가능성 모두 당신이 자신의 자유의지로 선택했다는 생각과 양립할 수 없어 보인다는 것이다. 우리는 첫 번째 가능성이 자유의지와 양립할 수 없다고 이미 주장했는데, 왜냐하면 이는 곧 당신의 선택이 과거에 의해 전적으로 선결정된 경우이기 때문이다. 그렇다면 우리가 생각해야만 할 것은 두 번째 경우이다 ─ 당신의 선택이 이전 사건들에 의해 야기되지 않았던 경우이다. 이 경우, 당신의 결정은 여전히 당신 뇌에서 일어난 신경 사건이었지만, 이제 우리는 그것이 일어나도록 야기한 것이 아무것도 없었다고 상상해야만 한다. 그것을 일어나게 만든 것은 아무것도 없었다. 즉, 그것은 그냥 일어났다. 신경세포들은 다른 방식으로 ─ 그것들은 당신이 바닐라를 주문하게 만드는 방식으로 ─ 점화될 수 있었다. 그러나 실제로, 아니었다. 신경세포들은 당신이 초콜릿 아이스크림을 주문하게 만드는 방식으로 점화했다.

그런데 잠깐 멈춰보자. 당신의 결정이 그냥 일어났다는 말은 그 결정이 무작위로 일어났다는 말이다. 그런데 당신의 결정이 무작위로 일어났다면, 이전 사건들에 의해 인과적으로 선결정되는 경우와 마찬가지로 자유의지와 양립할 수 없다. 이에 대해 잠시 생각해 보라. 당신의 결정이 당신의 뇌에 그냥 무작위로 나타난다면, 당신이 자신의 자유의지로 선택했다고 말하는 것이 어떻게 옳을 수 있는가? 이는 전혀 이치에 맞지 않는다. 당신이 자신의 자유의지로 선택했다는 말은 당신이 그 선택에 책임이 있으며 또한 당신이 그 선택을 주도하고 있었음을 말하는 것이다. 그러나 그 결정이 당신의 뇌에 무작위로 그냥 나타났다면 이 중 어느 것도 참이 아니다. 그러므로 우리의 결정들이 무작위로 일어난다면 ― 그것들이 우리의 뇌에 무작위로 그냥 나타난다면 ― 우리에게 자유의지가 없다는 것이 분명해 보인다.

이것은 강력한 반자유의지 논증을 낳는다. 여기에는 오직 두 가지 가능성 ― 우리의 결정은 이전 사건들에 의해 야기되거나 이전 사건들에 의해 야기되지 않는다 ― 이 있다. 그리고 이 두 가지 가능성 모두 자유의지를 불가능하게 한다. 우리의 결정이 이전 사건들에 의해 야기된다면, 그것은 과거에 선결정 되었기 때문에 우리의 자유의지 산물이 아니다. 그리고 이전 사건에 의해 야기되지 않는다면, 그것은 그냥 일어나기 때문에 우리 자유의지의 산물이 아니다 ― 왜냐하면 그것들은 우리의 뇌에 그냥 무작위로 나타나기 때문이다. 그러므로 어느 가능성이든 우리에게는 자유의지가 없다.

이것이 첫 번째 반자유의지 논증이다. 이것을 무작위 -또는- 선결정 논증이라 부르자. 이것은 매우 강력한 논증이다. 그것은 고전적 논증보다 훨씬 더 강력해서 최근 몇 년 동안, 특히 전문 철학자들 사이에서 점점 더 많은 인기를 얻고 있다.

두 번째 반자유의지 논증으로 넘어가기 전에, 무작위 -또는- 선결정 논증에 대해 두 가지를 짧게 지적하고자 한다. 첫째, 이 논증의 결론은 단지 우리에게 자유의지가 없다는 것이 아니다. 자유의지는 불가능하다는 것이 결론이다. 실제로, 만약 무작위 -또는- 선결정 논증이 옳다면, 자유의지라는 개념 전체가 일관성이 없다. 결정이 진정 자유로워지려면 두 가지 서로 다른 조건을 충족해야만 한다.

(i) 그것은 이전 사건들에 의해 선결정 될 수 없다.
(ii) 그것은 무작위일 수 없다.

그런데 무작위 -또는- 선결정 논증의 핵심은 이 두 가지 요구 사항을 동시에 충족시키는 것이 사실상 불가능하다는 것이다. 즉, 우리의 결정들이 야기된다면 조건 (i)을 충족시키지 못하고, 야기되지 않는다면 조건 (ii)를 충족시키지 못한다.

두 번째로 무작위 -또는- 선결정 논증에 관해 언급하고 싶은 점은 필자가 그것을 조금 단순화했다는 것이다. 이 점이 궁금하면 지금 이 부분을 참고하기 바란다. 어떻게 단순화했는지 그리고 단순화되지 않는 논증의 버전은 무엇처럼 보일지를 설명하겠다. 그러나 이 부분은 약간 사소한 일을 들추어내는 일이며 게다가 이 책의 나머지 부분에 실제로 꼭 필요하지도 않다는 점을 미리 경고하고 싶다. 따라서 당신이 사소하게 따질 기분이 아니라면, 다음 부분으로 건너가 거기부터 읽을 수 있다. 책의 나머지 부분에서 중요한 것들을 전혀 놓치지 않을 것이다.

단순화를 이해하기 위해 첫 번째로 해야 할 일은 서로 다른 두 종류의 인과관계causation를 구별하는 것이다 – 결정론적 인과관계와 확률론적 인과관계. 이 두 종류의 인과관계를 다음과 같이 정의할 수 있다.

A. 한 사건이 이전 사건들에 의해 **결정론적으로 야기되었다**는 말은 그것이 이전 사건들에 의해 **전적으로** 야기되었다는 말이다. 달리 말해, 그것은 **전적으로 선결정** 되었고, 그래서 이전 사건들은 그 사건이 일어날 수 있었던 유일무이한 방식으로 일어나도록 **강제했다**는 말이다.

B. 반면에, 어떤 사건이 확률론적으로 야기되었다는 말은 그

것이 이전 사건들에 의해 야기되었지만 이전 사건들은 그 사건이 일어나도록 강제하지는 않았다는 말이다. 더 정확히 말하면, 이전 사건들은 단지 문제의 사건이 일어날 확률을 증가시켰다.

이 점을 고려해서 엄밀히 말하자면, 자유의지 반대론자들은 무작위 -또는- 선결정 반자유의지 논증을 규명하려 할 때 두 가지가 아니라 세 가지 가능성을 구분해야만 할 것 같다. 어떤 결정에 대해서건 다음과 같은 세 가지 가능성이 있다.

1. 그 결정은 이전 사건들에 의해 전적으로 야기된다(또는 결정론적으로 야기된다).
2. 그 결정은 전적으로 야기되지 않는다.
3. 그 결정은 이전 사건들에 의해 확률론적으로 야기된다 (그러나 결정론적으로 야기되지는 않는다).

여기에서 정리했듯이, 무작위 -또는- 선결정 논증은 처음의 두 가능성이 자유의지와 양립할 수 없다는 주장으로 구성된다. 따라서 엄격하게 말하자면, 이 논증의 주창자들은 세 번째 가능성 역시 자유의지와 양립할 수 없다고 주장해야 한다. 그런데 이는 그리 어려운 일이 아니라고 밝혀진다. 자유의지 반대론자들은 이 같이 말함으로써 그 일을 할 수 있다.

만약 어떤 결정이 확률론적으로 야기되지만 결정론적으로는 야기되지 않는다면, 그것은 부분적으로 야기되고 부분적으로 야기되지 않는다. 그런데 그것이 야기되는 한, 그것은 선결정 되었기 때문에 자유로운 결정이 아니다. 그리고 그것이 야기되지 않는 한, 그것은 무작위이기 때문에 자유로운 결정이 아니다. 따라서 세 번째 가능성은 처음의 두 가능성과 마찬가지로 자유의지와 양립할 수 없다. 왜냐하면 그것은 실제로 그저 처음 두 가능성을 섞은 혼합이기 때문이다.

그러므로 무작위 -또는- 선결정 논증의 단순화된 버전과 그렇지 않은 버전의 차이는 단순화된 버전이 세 번째 가능성에 대한 논의를 포함한다는 것이다. 그렇지만 이는 실제로 무엇을 많이 바꾸지 않는다. 무작위 -또는- 선결정 논증의 느낌을 바꾸지 않으며, 더 중요한 점은 우리가 논증을 평가할 때 그것이 무엇을 바꾸지도 않을 것이라는 점이다. 그러므로 일을 쉽게 만들기 위해 이 복잡한 문제는 무시할 것이다. 즉, 앞으로 무작위 -또는- 결정 논증을 말할 때 단순화된 버전 ─ 처음 두 가능성에 초점을 맞추고 세 번째 가능성을 무시하는 버전 ─ 을 말하고 있을 것이다.

두 번째 반자유의지 논증: 과학적 논증the Scientific Argument

두 번째 반자유의지 논증은 다음 주장에 근거한다.

> 우리의 행위와 결정들이 우리가 전혀 통제할 수 없는 무의식적
> 사건들에 의해 전적으로 야기된다는 생각에 대한 강력한 경험적
> 증거가 있다.

이 주장에 대한 가장 초기의 증거는 심리학자에게서 나왔다.
그들은 우리의 많은 행위와 결정이 우리가 전혀 인식하지 못하
는 것들에 의해 야기된다는 것을 발견했다. 예를 들어, 우리는
우리의 행동이 잠재의식 메시지 같은 것들에 의해 영향을 받
을 수 있음을 오랫동안 알고 있었다. 게다가 우리의 행동이 이
와 같은 것들에 의해 영향을 받을 때 우리는 우리가 한 일을 왜
했는지 설명하려고 정교한 이야기를 구성한다(또는 심리학자들의
말로는, 이야기를 지어낸다). 우리는 이러한 설명이 참이라고 생각
하지만 그렇지 않다. 그것들은 완전히 거짓이다. 요컨대, 심리
학자들은 우리가 하는 일을 왜 하는지에 대해 종종 우리가 완
전히 오해하고 있다는 주장에 풍부한 증거를 제시했다.

우리 모두는 이런 연구들에 대한 이야기들을 들었다. 만약
영화관 주인이 팝콘 봉지 한 장면을 영화 중간에 끼워 넣으면,
극장에 있는 사람들은 이를 의식적으로 알아차릴 수 없을 것이

나 일어나서 팝콘을 사러 갈 가능성은 훨씬 더 많아질 것이다. 이런 연구들로 몹시 우울할 수 있다. 그것들은 인간인 당신을 당혹스럽게 만들 수 있다. (그리고 솔직히 말하면, 이 모든 것이 영화를 보러가는 것에 대해 다소 긴장하게 만든다. 내 말은, 신god은 그들이 내게 어떤 이상한 짓을 하게 할 수 있는지 안다는 것이다. 나는 단지 나중에 아내로부터 어리둥절해하는 질문들을 들을 수 있을 뿐이다. "여보?… 방금 크라비츠Kravitz 부인과 통화했어요. 당신이 그의 집에 몰래 들어가서 내 습진 크림을 냉장고에 넣었어요?")

어쨌든 과학적 반자유의지 논증에 대한 논의로 돌아가자. 여기에서 가장 설득력 있는 증거는 심리학자들이 아니라 신경과학자들에게서 나온다. 이들은 머릿속에서 일어나는 어떤 신경 사건들을 – 순전히 물리적이고 비의식적인 두뇌 사건들을 – 발견했는데, 이 신경 사건들은 우리가 의식적 결정을 내리기 전에 일어나며 이런 결정들이 어떻게 나아갈지를 결정하는 것처럼 보인다. 달리 말하면, 문제의 그 신경 사건들이 우리가 내리는 결정의 물리적 원인으로 보인다.

여기에 몇몇 신경과학적 실험들이 관련되는데, 이 실험들 중 최초이자 가장 유명한 실험은 1983년에 벤저민 리벳Benjamin Libet에 의해 실행되었다. 리벳은 1960년대부터 나온 이전의 신경과학적 발견을 기반으로 하고 있었다. 이 시기 의식적 결정들은 준비전위readiness potential라고 알려진 특정 뇌활동과 연관된다는 것이 밝혀졌다. (준비전위가 무엇인지는 실제로 중요하지 않지만 궁금한 이들을 위해 언급하면, 두피에서 측정할 수 있는 전기적 전위의 변화이다.) 리벳의 연구에서 피실험자들은 1000분의 1초 단위로 시간을 측정할 수 있게 특별히 고안된 대형 시계를 마주하고 앉았다. 피실험자들은 손목을 움직이고 싶은 충동을 느낄 때마다 움직이고, 움직이고 싶은 의식적 충동을 느낀 정확한 시간을 기록하도록 지시받았다. 한편, 리벳은 피실험자의 뇌를 측정하기 위해 EEG(뇌전도)를 사용했다. 그는 준비전위 - 결정과 연관된 물리적 뇌활동 - 가 손목을 움직이려는 의식적 의도 약 0.5초 전에 발생했음을 알아냈다.

이러한 연구는 즉시 유명해져서 엄청나게 영향력을 발휘했다. 이 연구가 그렇게 중요한 이유는 그것들이 자유의지에 치명타를 가한다고 많은 사람이 생각하기 때문이다. 여기에서 논증은 간단하다. 다음과 같이 작성될 수 있다.

당신이 행위를 수행할 때, 행위의 물리적 원인들이 이미 작동한 후에야 행위를 하려는 의식적 결정을 내린다면, 당신에게 자유의지가 있다는 생각은 환상이다. 당신 행위의 물리적 원인들이 이미 당신이 의식적 선택을 하기 이전에 작동하고 있었다면 당신이 자유의지로 손목을 움직이고자 결정했다는 말은 전혀 이치에 맞지 않는다.

리벳이 그의 실험 결과를 처음 발표한 이후 30년 동안 수많은 과학자가 비슷한 실험을 수행했다. 그들은 실험적 설정에서 여러 가지 사항을 변경함으로써 몇 가지 매우 흥미로운 결과를 내놓았다. 그러나 가장 주목할 만한 후속 연구는 존 딜런 헤인즈J. D. Haynes가 최근에 수행했다. 헤인즈는 피실험자들의 왼손과 오른손에 각각 버튼 하나를 주고, 왼쪽 버튼을 누를지 오른쪽 버튼을 누를지를 어떤 시점에서 결정하고 곧바로 주어진 버튼을 누르라고 말했다. 헤인즈는 EEG(뇌전도) 대신 fMRI(기능적 자기공명영상)를 사용하여 피실험자가 왼쪽 버튼을 누를지 오른쪽 버튼을 누를지를 예측하는 무의식적 뇌활동을 찾아냈다. 그리고 이 무의식적 뇌활동이 그 사람이 주어진 버튼을 누르려는 의식적 결정을 내리기 이전 7~10초 사이에 발생했음을 알아냈다.

이는 매우 충격적이다. 만약 당신이 두 선택 중 하나를 고르려는데, 당신의 뇌를 보고 있는 누군가가 당신이 의식적 선택을 하기 7초 전에 당신이 두 선택 중 어떤 것을 선택할지 예측할 수 있다면, 분명 그 의식적 선택은 당신이 무엇을 할지 결정한 데 대한 책임이 없다. 당신이 하고자 했던 것은 당신이 결정을 내리기 전에 이미 정해져 있었다. 그리고 이것이 맞다면, 당신에게 자유의지가 있다는 말이 어떻게 말이 되는지 도무지 알 수가 없다.

두 논증 요약

요약하자면 우리에게 자유의지가 없다는 결론에 대해 서로 다른 두 논증이 있다. 이는 다음과 같이 정리될 수 있다.

무작위 -또는- 선결정 반자유주의 논증 　 우리의 결정은 이전 사건들에 의해 야기되거나 혹은 이전 사건들에 의해 야기되지 않는다. 만약 결정이 이전 사건들에 의해 야기된다면, 이전 사건들에 의해 선결정 되기 때문에 우리의 결정은 자유의지의 산물이 아니다. 그리고 결정이 이전 사건들에 의해 야기되지 않는다면 그것들은 무작위로 일어나기 때문에 우리 자유의지의 산물이 아니며, 그래서 만약 우리의 선택들이 뇌에서 그냥 무작위로 나타난다면 우리에게 자유의지가 있다고 말하는 것은 전혀 이치에 맞지 않는다.

과학적 반자유주의 논증 　 우리의 의식적 결정들은 우리가 선택하기 이전에 일어나고, 완전히 우리의 통제 밖에 있으며, 정말로 우리가 전혀 의식할 수 없는 사건들에 의해 전적으로 야기된다는 주장을 뒷받침하는 (심리학과 신경과학의) 강력한 과학적 증거가 있다.

이 두 가지 논증 모두 고전적 반자유의지 논증을 바로잡으려는 시도로 보일 수 있다는 점이 주목할 만하다. 고전적 논증은 결정론이 참이라고 가정하고 이것이 자유의지를 배제한다는 주장으로 나아갔다. 이 논증의 문제점은 결정론이 정말 참이라고 생각할 만한 타당한 이유가 전혀 없다는 것이다. 그런데 이 점을 고려할 때, 무작위 -또는- 선결정 논증의 옹호자들은 다음과 같이 말함으로써 상황에 대응한다고 생각할 수 있다.

결정론이 참인지 아닌지는 중요하지 않다. 왜냐하면 비결정론도 결정론과 마찬가지로 자유의지와 양립할 수 없기 때문이다.

그리고 과학적 반자유의지 논증의 옹호자들은 다음과 같이 말함으로써 상황에 대응한다고 생각할 수 있다.

결정론의 본격적인 가설이 참인지 아닌지는 중요하지 않다. 왜냐하면 모든 사건이 이전 사건들에 의해 선결정 되느냐 아니냐는 중요하지 않기 때문이다. 중요한 것은 우리의 결정이 이전 사건들에 의해 선결정 되느냐 아니냐이다. 그리고 과학적 반자유의지 논증의 요점은 그것들이 선결정 된다고 생각할 타당한 이유가 있다는 것이다.

마지막으로, 과학적 논증은 (명백히) 과학적인 논증이며, 무작위 -또는- 선결정 논증은 과학적인 논증이 아니라는 점을 아는 것이 중요하다. 무작위 -또는- 선결정 논증은 어떤 과학적 증거에도 의존하지 않는다. 그것은 **철학적 논증**이다.

종교가
자유의지를 구할 수 있을까?

❖

우리가 정신적·종교적 인간관을 채택함으로써 반자유의지 논증에 대응할 수 있다고 보일 수도 있다. 특히, 당신은 우리가 다음과 같이 말함으로써 대응할 수 있다고 생각할지도 모른다.

반자유의지 논증들에 대한 정신적·종교적 대응   제2장에서 서술된 반자유의지 논증들은 인간을 순전히 물리적인 것, 즉 물리법칙에 따라 이리저리 움직이는 오직 물리적 입자로만 이루어진 것으로 가정하는 것처럼 보인다. 글쎄, 만약 당신이 저런 인간관을 지닌다면, 자유의지가 끼어들 여지가 없다는 것이 전혀 놀랍지 않다. 그러나 인간에 대한 또 다른 견해, 즉 우리 각자는 물리적 몸과 구별되는 비물리적인 영혼을 소유한다고 주장하는 정신적·종교적 인간관이 있다. 이것이 맞다면, 인간은 당구공이 지배되는 방식으로 그 물리법칙에 지배되지 않는다. 인간의 의식적 결정은 당구 치기와 근본적으로 다르다. 당구 치기는 순전히 물리적인 사건이다. 그러나 의식적 결정은 순전히 물리적이지는 않다. 그것은 사람이 하는 어떤 것이다. 그것은 비물리적인 영혼에 의해 수행되는 하나의 행위이다. 그러므로 그것은 물리법칙에 의해 지배되지 않는다.

이 작은 발언에 대해 두 가지를 말하고 싶다. 하나는 매우 짧고 다른 하나는 조금 길다. 짧은 요점은 바로 이것이다. 비록 우리가 정신적·종교적 인간관을 지지함으로써 반자유의지 논증들을 피해갈 수 있다는 것이 맞더라도, 이는 오직 일부 사람들에게만 그럴듯한 대응일 것이다. 왜냐하면 세상에는 필자를 포함해서 정신적·종교적 견해를 믿지 않는 사람들이 많기 때문이다. 그러므로 이런 사람들에게는 반자유의지 논증을 피할 수 있는 어떤 다른 길이 있을지에 대한 의문이 남는다.

두 번째로 여기서 말하고 싶은 조금 긴 요점은 반자유의지 논증들에 대한 정신적·종교적 대응이 작동한다고 생각하지 않는다는 것이다. 다시 말해, 우리 각자가 비물리적인 영혼을 소유하고 있다는 것이 참일지라도, 이를 반자유의지 논증을 차단하기 위해 사용할 수 있다고 생각하지 않는다. 왜 그런지는 두 가지 반자유의지 논증을 자세히 살핀 다음 사람들에게 비물리적인 영혼이 있다고 가정하더라도 그 논증들이 어떤 식으로 여전히 건재한지를 보면 이해할 수 있다. 잠시 후 이 점을 밝힐 것이다. 그러나 먼저 예비적 요점을 말하고 싶다. 우리의 결정

들은 야기된다고 말하는 것이 우리가 정신적·종교적 인간관을
지지하더라도 어째서 여전히 완벽하게 이치에 맞을 수 있는지
를 설명하고 싶다.

결정의 인과관계와 정신적·종교적 인간관

정신적·종교적 인간관이 맞다고 해도, 우리의 결정과 행위들
은 야기될 수 있다고 여전히 말하고 싶을지 모른다. 이를 평가하
려면 다음 이야기를 고려해 보라.

트레이시Tracy는 엄마를 보러 집에 가고 싶다. 그녀는 비행기나
기차로 갈 수 있다는 걸 안다. 그런데 트레이시는 매우 심하고
비합리적인 비행 공포증이 있다. 그녀가 비행을 생각할 때마다,
그녀가 탄 비행기가 흙덩어리처럼 하늘에서 떨어져 충격으로 폭
발하는 이미지가 생생하게 떠오른다. 그녀는 불타는 잔해에서
튀어나와 아이오와의 어떤 농장 한가운데 있는 옥수수 더미에
꽂혔다. 반면에 트레이시는 기차를 절대적으로 좋아한다. 그녀
에게는 식당 칸의 창문을 통해 미국의 심장부를 보고 보일러실
에서 엔지니어 모자를 쓴 남성들과 벌이는 기이한 공상을 해보
는 낭만적인 생각이 있다. (그녀는 보일러실이 사실상 기차가 아

니라 배에 있다는 사실을 인식하지 못하며, 정신분석가는 그녀의 착각을 바로 잡아주면 "에피소드"를 촉발할까 봐 그러길 원치 않는다.) 마지막으로, 트레이시는 기차표가 비행기표보다 덜 비쌀 것이라 믿는다. 기차로 가는 시간이 조금 더 길다는 것도 알고 있다 ─ 구체적으로 2시간 대신 12시간이 걸릴 것이다. 그러나 트레이시는 개의치 않는다. 사실상, 그녀는 그것이 더 좋다. 그녀는 어머니를 만나기 전 기차에서 하루를 느긋하게 쉬고 싶다. 그녀의 어머니는 … 글쎄, 그냥 **까다로울** 수도 있다고 치고 그냥 이 정도에서 그치자. 그래서 트레이시는 비행기표 대신 기차표를 사기로 결정한다.

기차표를 사기로 한 트레이시의 결정이 무엇에 의해 야기되었는지를 질문해 보자. 야기되었다는 것이 분명한 대답이다. 그것은 그녀의 기차 **사랑**과 비행 **공포**, 기차표가 덜 비싸다는 그녀의 **믿음**, 어머니를 만나기 전 열차에서 하루를 보내고 싶다는 **욕구**에 의해 야기되었다. 즉, 트레이시의 결정은 그녀의 믿음과 욕구과 공포 등등에 의한 것 같다. 그리고 여기에 우리에게 정말로 중요한 점이 있다. 이는 우리가 비물리적인 영혼을 믿는지 여부와 상관없이 참인 것 같다. 이제 여기에서 필자의 궁극적인 요점은, 트레이시의 결정이 그녀의 믿음과 욕구 등등에 의해 야기되었다고 정신적·종교적 견해의 옹호자들이 말할 수 있다는 것이다. 그런데 우선 잠시 멈추어 유물론적·과학적 견해의 옹호자들이 이런 것들에 의해 트레이시의 결정이 야기되었다고 말할 수 있다는 점을 확실히 해보자. 그들이 이렇게 말할 수 없다고 보일 수도 있다. 유물론적·과학적 견해의 옹호자들은 그 대신 이렇게 말해야만 할지도 모른다.

우리의 결정은 **물리적** 사건이다. 특히, 그것은 신경 사건이다. 그러므로 우리의 결정들이 어쨌든 야기된다면, 그것은 다른 물리적 사건들, 즉 믿음과 욕구나 공포 같은 것이 아닌 것들에 의해 야기되어야만 한다.

이는 극히 혼란스럽다. 유물론적·과학적 견해의 옹호자들은 결정도 물리적이라고 생각하고, 신념과 욕구와 공포도 물리적이라고 생각한다. 예를 들어, 당신의 신념을 생각해 보라. 우리가 유물론적·과학적 인간관을 지지한다면, 우리의 믿음은 우리의 뇌에 저장되어 있다고 말해야만 한다. 특히, 그것들은 신경 경로에 코드화 되어 있다. 따라서 그것들은 물리적이다. 그러므로 유물론적·과학적 인간관은 우리의 결정이 우리의 신념과 욕구 등등에 의해 야기될 수 있다는 생각과 완벽하게 양립할 수 있다.

그런데 여기에서 진짜 요점은 우리의 결정은 우리의 믿음과 욕구 등등에 의해 야기된다고 정신적·종교적 견해의 옹호자들이 말할 수 있다는 것이다. 이제 그들은 아마도 믿음과 욕구가 물리적인 것이라고 말하고 싶지는 않겠지만, 그럼에도 불구하고 우리의 결정이 이런 것들에 의해 야기된다고 여전히 말할 수 있다. 예를 들어, 트레이시의 결정은 그녀의 비행 공포와 기차표가 덜 비쌀 것이라는 그녀의 믿음, 어머니를 보고픈 그녀의 욕구에 의해 야기되었다고 말할 수 있다.

이런 종류의 인과관계가 무엇으로 **구성될지** 파악하는 것은 조금 어려울 수 있다. 어쨌든 정신적·종교적 견해의 옹호자들은 믿음과 욕구는 비물리적인 영혼의 비물리적 상태이며 결정들도 비물리적인 영혼의 비물리적 행위라고 말하는 데 전념하기 때문에 결국 그들은 여기에서 쟁점인 인과관계는 일종의 **비물리적** 인과관계라고 주장해야만 할 것 같다. 그러면 당신은 비물리적 인과관계라는 개념이 어리둥절하다고 생각할지 모른다. 아마 그럴 것이다. 그러나 논의를 진척시키기 위해 이것이 이치에 맞다고 가정하고 싶다. 이것은 필자가 할 수 있는 최대한의 승인 정신으로 정신적·종교적 견해의 옹호자들에게 말하는 것이다. 우리의 결정이 신념과 욕구 등등에 의해 야기될 수 있다는 견해를 그들이 보증해야만 한다고 말하는 것이 아니다. 그러나 논의를 진척시키기 위해 만약 정신적·종교적 견해의 옹호자들이 우리의 결정은 믿음과 욕구 등등에 의해 야기된다고 말하길 원한다면, 가능하다는 것을 승인하고 싶다.

자, 이 정도가 약간의 배경이다. 이제 우리가 정신적·종교적 인간관을 지지하더라도 두 가지 반자유의지 논증 ― 무작위 -또는- 선결정 논증과 과학적 논증 ― 이 여전히 유효하다는 것을 보이고 싶다. 무작위 -또는- 선결정 논증으로 시작하자.

무작위-또는-선결정 반자유의지 논증(정신적·종교적 자유의지 논증에 대한 반대)

바닐라보다 초콜릿 아이스크림을 주문하는 당신의 결정으로 돌아가보자. 그리고 논의를 위해 당신에게 비물리적인 영혼이 있다고 가정해 보자. 그렇지만 당신에게 비물리적인 영혼이 있다 하더라도, 우리는 여전히 당신의 결정이 이전 사건들에 의해 야기되었거나 아니면 이전 사건들에 의해 야기되지 않았다고 말할 수 있다. 만약 그것이 이전 사건들에 의해 야기되었다면 아마 당신의 믿음과 욕구 등과 같은 것들에 의해 야기되었을 것이다. 아마 당신은 초콜릿을 먹는 것이 다소 건강에 유익하며 이런 장점들이 아이스크림이 지닌 설탕과 지방의 건강하지 못함을 상쇄할 수 있다고 믿었을 것이다. 아니면 아마 감칠맛 나는 초콜릿향의 진수를 혀로 황홀하게 느껴보길 갈망하고 있었을 것이다. 아니면 무엇이건 또 있을 것이다. 아마도 당신의 결정과 연관될지 모를 믿음, 욕구, 선호도 등등이 당신에게는 엄청 많을 것이며, 그래서 여기에서 첫 번째로 주목해야 할 점은 이런 것들이 초콜릿 아이스크림을 주문하는 당신의 결정을 야기했거나 아니면 야기하지 않았다는 것이다.

당신의 결정이 정말 당신의 믿음과 욕구 등등에 의해 야기되었다면, 그것은 선결정 되었기 때문에 당신 자유의지의 산물이 아니다. 즉, 이 각본에서, 당신이 무엇을 할 것인지는 당신이 의식적 결정을 내리기 전에 이미 결정되었기 때문에 당신의 선택은 자유롭지 않았다.

반면, 당신의 결정이 어떤 것에 의해서도 야기되지 않았다면, 그것은 그냥 일어났다. 즉, 그것은 무작위로 일어났다. 그리고 이미 보았듯이, 당신의 결정이 무작위로 발생하거나 혹은 그냥 일어났다면, 당신의 자유의지로 선택했다는 말은 이치에 맞지 않는다.

그러므로 어느 쪽이건, 당신의 결정은 당신 자유의지의 산물이 아니었다. 그리고 이것은 당신에게 비물리적인 영혼이 있다 하더라도 참이다. 게다가 우리의 모든 결정에 대해서도 똑같이 말할 수 있다. 비록 우리 모두가 비물리적인 영혼을 소유한다 하더라도, 우리의 결정들이 이전 사건들에 의해 야기되거나 아니면 이전 사건들에 의해 야기되지 않는다는 것은 여전히 참이다. 그러므로 우리가 정신적·종교적 인간관이 옳다고 가정하더라도, 무작위 -또는- 선결정 반자유의지 논증은 여전히 유효

> 비록 우리 모두가
> 비물리적인 영혼을 소유한다 하더라도,
> 우리의 결정이 이전 사건에 의해 야기되거나
> 아니면 이전 사건에 의해 야기되지 않는다는 것은
> 여전히 참이다.

할 것이다.

과학적 반자유의지 논증 (정신적·종교적 자유의지 논증에 대한 반대)

정신적·종교적 견해가 과학적 반자유의지 논증을 막을 방법을 주지 않음을 보이기는 훨씬 더 쉽다. 왜냐하면 우리 모두에게 비물리적인 영혼이 있다고 가정하더라도, 사람들이 잠재의식 메시지 같은 것들에 의해 영향을 받을 수 있다는 것이 여전히 참이기 때문이다. 그리고 당신이 결정을 내리기 전에 신경과학 자들이 당신 뇌의 활동을 보고 당신의 행동을 예측할 수 있었다는 것도 여전히 참이다. 이런 주장들에 대한 과학적 증거가 있다. 그리고 그 주장들은 비물리적인 영혼이 우리에게 있는지 여부와 상관없이 자유의지가 있다는 생각에 반대하는 것처럼 보인다.

사실상, 신경과학적 연구 결과는 웬만하면 정신적·종교적 인간관에 불리한 증거로 간주되는 것 같다. 생각해 보라. 의식 이 등장하기 전에 우리의 뇌가 우리의 행동을 야기하고 있다 면, 무엇이 비물리적인 영혼의 취지이겠는가? 그것은 무엇을 하고 있겠는가? 여기에서 이에 대해 논쟁하고 싶지 않지만, 신 경과학적 연구 결과들은 비물리적인 영혼의 필요성을 약화시킨 다고 보인다.

그런데 이것이 맞는지 여부와 상관없이, 여기서 핵심은 비물리적인 영혼을 믿음이 과학적 반자유의지 논증에 대한 대응을 제공하는 것처럼 보이지 않는다는 점이다. 비록 우리에게 비물리적인 영혼이 있다 하더라도, 신경과학자들이 우리 뇌에서 무엇이 일어나는가를 봄으로써 우리가 의식적 결정을 내리기 전에 우리의 행위를 예측할 수 있다는 것이 정말 참이라면, 우리에게 자유의지가 있다는 말이 어떻게 맞는 말일 수 있는지 알기 어렵다.

정신적·종교적 인간관이 반자유의지 논쟁들에 대응하는 방법을 제공하지 않는다면, 이러한 반자유주의 논증에 대응하는 그 밖의 어떤 방법이 있는지를 파악할 필요가 있다. 이 책의 나머지에서 이 일을 하려고 한다.

철학이
자유의지를 구할 수 있을까?

❖

대부분의 전문 철학자는 심리학자와 신경과학자와 달리 자유의지를 믿는다. 그리고 그들 대부분이 반자유의지 논증에 대한 동일한 대응을 지지한다. 이들 철학자가 지지하는 견해는 **양립가능론**compatibilism으로 알려져 있다. 양립가능론은 적어도 고대 그리스 스토아학파Stoics까지 거슬러 올라가는 매우 오래된 견해이다. 그리고 18세기의 스코틀랜드 철학자 데이비드 흄David Hume에 의해 매우 유명해지고 대중화되었다.

간단히 말해, 양립가능론compatibilism이란 자유의지와 결정론 사이에 양립불가능성이 없다는 견해이다. 이 견해를 더 잘 이해하기 위해 초콜릿 아이스크림을 주문하는 결정으로 돌아가서, 논의를 위해 이 결정이 전적으로 이전 사건들에 의해 야기되었다고 가정하자. 사실상 결정론이 참이라서 당신이 초콜릿 아이스크림을 주문할 것임은 빅뱅이 일어난 직후인 130억 년 전에 이미 정해졌다고 가정하자. 흄과 같은 양립가능론자들은 이 가정이 참이라해도 당신이 자신의 자유의지로 초콜릿 아이스크림을 주문하기로 결정했다고 말하는 것이 여전히 완벽하게 이치에 맞는다고 생각한다.

처음에 이는 전혀 말도 안 되는 것 같이 보일 수 있기에 최선을 다해 그것이 믿을 만하게 보이도록 하겠다. 흄에 의하면, 우리 자신의 자유의지로 선택했다는 말이 무엇을 의미하는지 물음으로써 시작해야 한다. 흄은 그것이 오직 하나만을 의미할 수 있다고 생각한다. 즉,

당신은 하고자 원했던 것을 했다.

그러나 당신이 "하고자 원했던 것을 했다"는 말은 무엇을 의미하는가? 글쎄, 이에 대해 겉보기에 합리적으로 보이는 하나는 이렇다. 만약 당신의 욕구(또는 당신의 "원함")이 당신의 행위 또는 당신의 결정을 발생시켰다면generated, 당신은 "하고자 원했던 것을 했다" — 따라서 흄에 의하면, 당신은 자유롭게 행위를 했다. 이것이 맞다면 — 흄적인 양립가능론자들은 맞다고 생각한다 — 다음과 같은 결론에 이르게 된다.

일반적으로 당신의 결정과 행위가 당신의 욕구에 의해 야기된다면, 당신에게는 자유의지가 있다.

이제, 이는 어떤 면에서는 매우 일리 있게 들린다. 초콜릿 아

이스크림을 주문한 당신의 결정 사례에서, 당신의 선택은 초콜릿이나 초콜릿 대용물을 먹자마자 늘 뒤따르는 황홀한 기쁨을 경험하고픈 당신의 욕구에 의해 야기되었다고 가정하자. 그러면 당신은 바로 당신이 하고자 원했던 것을 한 것 같고, 그래서 당신 자신의 자유의지로 선택했다고 말하는 것이 일리 있어 보인다.

그러나 이제 이에 대해 흄이 맞다면 자유의지는 본격적인 결정론과 완벽하게 양립할 수 있음에 주목하라. 모든 사건이 이전 사건들에 의해 완벽하게 야기되기에, 일단 빅뱅이 일어난 후에는 우주의 전체 역사가 어떻게 전개될지 이미 결정되었다고 가정하자. 구체적으로, 당신이 맨 앞에 이르렀을 때 초콜릿 아이스크림을 주문할 것임은 이미 결정되어 있었다. 그럼에도 빅뱅이 당신의 결정을 직접적으로 야기한 것 같지는 않다. 빅뱅은 당신의 결정을 기다란 인과연쇄causal chain를 통해 간접적으로 야기했다. 빅뱅이 일어났다, 그것은 또 다른 사건이 일어나도록 야기했고 그것을 E2라 부르자, 그다음 그것은 세 번째 사건인 E3이 일어나도록 야기했다, 등등. 마침내 13억 년 후 인과 사슬의 끝에서 무언가가, 당신이 어떤 천상의 초콜릿 맛에 대한 욕구를 갖도록 야기했다. 그리하여 결국 당신이 맨 앞에 이르렀을 때 그 욕구가 초콜릿 아이스크림을 주문하도록 야기했다. 그 모두는 전적으로 야기되었다. 그러나 여전히 당신의 결정은 당신의 자신의 욕구에 의해 야기되었다. 그러므로 당신은 당신이 하고자 원했던 것을 했다. 따라서 흄에 의하면, 당신은 그 용어의 유일하게 합리적인 의미에서 자유로웠다.

이것은 우리가 양립가능론을 처음 들었을 때보다 그것을 좀 더 그럴듯하게 보이게 만드는 것 같다. 그러나 그럼에도 결국에는 대부분의 사람들은 이 견해를 받아들이기 매우 어려워한다. 앞에서 언급했듯이, 양립가능론은 전문 철학자들 사이에서는 실제로 매우 인기가 있다. 실제로 최근 조사에서는 전문 철학자의 60%가 양립가능론을 지지한다. 그러나 철학과를 나서자마자 이 견해를 진지하게 취급하는 사람을 찾기 어렵다. 철학자가 아닌 자들이 양립가능론에 대해 들을 때 그들의 대응은 이 견해를 명백하게 틀린 것 그리고 실제로 경계성 장애로 항상 무시해 버리는 것이다. 당신의 결정이 수십억 년 전에 일어난 사건들에 의해 인과적으로 선결정 되었다해도 당신의 자유의지로 초콜릿 아이스크림을 주문했다는 말이 옳을 수 있다는 생각은 대부분의 사람들에게는 단지 터무니없어 보이는 것 같다.

그러나 물론, 양립가능론을 지지하는 철학자들은 자신들의 견해를 일축해 버리는 이런 거부 반응에 전혀 영향을 받지 않는다. 사실상, 그들은 이러한 오만을 대응으로 간주하지도 않는다. 그것은 자신들의 견해를 단호히 거절하는 것이다. 대부분의 양립가능론자들은 다음과 같이 말할 것이다.

보자, 양립가능론을 처음 들을 때는 허튼소리로 들릴지 모르지만, 당신은 그 견해를 찬성하는 논증을 검토해야만 한다. 자유의지가 있음이 단지 당신이 원하는 것을 할 수 있음의 문제라는 흄이 맞다면 양립가능론의 참은 어길 수 없는 논리로 따라온다. 그러므로 당신이 흄적 양립가능론을 거부할 수 있는 유일한 방법은 자유의지는 무엇인가is에 대한 흄의 견해를 거부하는 것이다. 그러나 여기에서 흄의 견해는 굉장히 그럴듯하다. 흄이 하는 말은 자유의지란 당신이 원하는 것을 할 수 있는 또는 당신의 욕구에 따라 행위를 할 수 있는 능력이라는 것이 전부이다. 그러므로 양립가능론을 거부하고 싶다면 흄이 이에 대해 사실상 틀렸다고 주장해야만 한다.

그리고 이에 또 다른 점을 추가하겠다. 흄의 견해는 철학적 문헌에서 양립가능론의 유일한 버전이 아니다. 그 밖에 많은 버전이 있으며 대부분 본질적으로 동일한 방식으로 나아간다 — "자유의지"라는 용어의 특정 정의를 변론한 다음, 주어진 정의가 올바르다면 자유의지는 결정론과 양립할 수 있음을 보여준다. 그러므로 양립가능론에 반대 주장을 하고 싶다면 — 그 견해를 단순히 일축해 버리기를 원하지 않는다면 — "자유의지"에 대한 양립가능론자의 다양한 정의 중 올바른 정의는 하나도 없다고 논증해야 한다. 그리고 이는 힘들 수 있다. 왜냐하면 양립가능론자의 많은 정의는 처음 들을 때 상당히 그럴듯하게 들리기 때문이다.

그러므로 우리는 진퇴양난에 처한 것으로 보인다. 양립가능론을 명백한 거짓으로 그냥 일축해 버리는 것(그래서 그 견해를 지지하는 전문철학자들에 의해 비합리적이라고 여겨지는 것)과 "자유의지"라는 용어가 어떻게 정의되어야 하는가에 대한 길고 어려운 논쟁에 참여하는 것 사이에서 선택해야만 하는 것 같다. 그러나 제3의 대안이 있다고 생각한다. 요령은 양립가능론이 틀렸다고 논증하려는 함정에 빠지지 않는 것이다. 그 대신 그것은 쟁점과 상관없다고 논증하는 것이다 — 그것이 참일지라도 전혀 문제없다고.

양립가능론이 어째서 쟁점과 상관없는지 보려면 두 종류의 자유의지를 구별할 필요가 있다(실제로, 원한다면 많은 종류의 자유의지를 구별할 수 있지만 그중 오직 두 가지만 논의해도 요점을 만들 수 있을 것이다). 첫 번째 종류의 자유의지는 흄이 염두에 두었던 종류이다 — 그것은 당신이 원하는 것을 할 수 있는 능력 또는 욕구에 따라 행위를 할 수 있는 능력이다. 이것을 **흄-방식의 자유의지**Hume-style free will라 부르자. 두 번째 종류의 자유의지는 이 책에서 이야기하고 있는 종류이다. 그것은 당신의 결정이 이전 사건들에 의해 결정되지도 않고 전적으로 무작위도 아닐 경우에 당신에게 있는 자유의지의 종류이다. 이것을 선결정 되지 않은 자유의지not-predetermined free will, 또는 짧게 NPD 자유의지NPD free will라 부르자.

흄-방식의 자유의지와 NPD 자유의지 간의 구별을 고려하여 다음 네 가지 요점을 만들 수 있다.

1. 흄-방식의 자유의지는 결정론과 명백하게 양립가능하다. 달리 말해, 우리의 모든 결정이 먼 과거에 발생했던 사건들에 의해 전적으로 야기된다는 생각과 명백하게 양립가능하다.

2. NPD 자유의지는 결정론과 명백하게 양립가능하지 않다. 사실상, 그것이 결정론과 양립가능하지 않다는 점은 바로 NPD 자유의지 정의 안에 구축되어 있다. 이것이 바로 그것이 선결정 되지 않은 자유의지로 불리는 이유이다.

3. 인간에게는 명백히 흄-방식의 자유의지가 있다. 이는 논란의 여지조차 없다. 결국, 흄-방식의 자유의지는 단지 욕구에 따라 행동할 수 있는 능력이다. 과자를 원해서 먹어본 사람이면 누구든 우리에게 이런 종류의 자유의지가 있다는 것을 안다.[1]

66

요령은

양립가능론이 틀렸다고 논증하려는 함정에

빠지지 않는 것이다.

그 대신 그것은 쟁점과 **상관없**다고 논증하는 것이다

— 그것이 참일지라도 전혀 문제없다고.

99

4. 우리에게 NPD 자유의지가 있는지 여부는 전혀 명백하지 않다. 어떤 사람들은 그것이 환상이라고 생각한다. 다른 사람들은 그것이 현실이라고 생각한다. 요컨대 우리에게 NPD 자유의지가 있는지 여부에 대한 격렬한 논쟁이 있다. 실제로 우리가 제2장에서 논의한 반자유의지 논증들 — 과학적 논증과 무작위 -또는- 선결정 논증 — 은 가장 강력한 NPD 자유의지 반대 논증으로 간주된다.

그런데 이 네 가지 점을 고려하면, 흄의 견해 전체가 전혀 도움이 되는 것 같지 않다. 그가 실제로 한 일은 명백한 것을 가리킨다 — 흄-방식의 자유의지는 결정론과 양립가능하고 우리에게는 흄-방식의 자유의지가 있다. 그러나 이는 우리에게 NPD 자유의지가 있는지 여부를 묻는 중요한 질문이 미결인 채 열려 있다는 사실에 어떤 변화도 주지 않는다.

아마도 흄은 필자가 "흄-방식의 자유의지"라 일컫는 것이 진짜real 자유의지라는 점이 그가 말한 요점의 일부라고 말함으로써 이에 대응할 것이다. 필자는 10대인 딸에게 자정까지는 집에 들어와야 한다고 말할 때 그녀가 대응하는 방식과 똑같은 방식으로 이에 대응할 것이다. 뭐든 상관없어. 무엇이 "진짜" 자유의지인가에 정말 신경 쓰지 않는다. 사실상, 흄-방식의 자유의지가 진짜 자유의지라고 말하는 것이 무엇을 의미하는지조차 모른다. 이는 말에 관한 논쟁처럼 들린다. 필자는 "자유의지"라는 표현을 개의치 않는다. 필자가 관심을 갖는 질문은 인간에 관한 질문이다 — 그것은 우리에게 어떤 특별한 종류의 자유의지, 즉 내가 NPD 자유의지라 부르는 자유의지가 있는지를 묻는 질문이다. 그런데 솔직히 말하면, 우리가 이런 종류의 자유의지를 무엇이라 일컫는지 개의치 않는다. 만약 흄이 "자유의지"라는 표현을 자기 것으로 갖기 원한다면 그는 가질 수 있다. 필자는 다른 용어를 사용할 수 있다. 실제로 바로 지금 다른 용어를 사용하고 있다 — "NPD 자유의지"를 사용하고 있다. 그러나 다시 말하지만, 우리가 그것을 "NPD 자유의지"라 부를지 아니면 그냥 "자유의지"라고 부를지는 중요하지 않다. 핵심은 그것이 우리에게 있는지 여부이다. 자유의지에 관한 중요한 질문은 이것이다 — 과연 인간에게 선결정 되지 않은 자유의지가 있는가.

당신은 NPD 자유의지가 중요하더라도 흄-방식의 자유의지도 또한 중요하다고 주장하면서 이에 대응할지 모른다. 글쎄, 필자도 그렇다고 생각한다. 우리에게 흄-방식의 자유의지가 있다는 것이 극히 중요하다고 생각하기에 절대로 달리 제안하지 않을 것이다. 그러나 우리에게 흄-방식의 자유의지가 있느냐는 질문은 중요하지 않다. 우리가 이 질문에 대한 답을 이미 알고 있기 때문이다. 우리에게 흄-방식의 자유의지가 있음은 전적으로 명백하다. 흥미로운 — 그리고 논란의 여지가 있는 — 질문은 우리에게 또한 NPD 자유의지도 있느냐는 질문이다. 그리고 여기서 말하는 요점은 우리가 이런 종류의 자유의지를 무엇이라 부르는지와 상관없이 이 질문은 흥미롭고 중요하다는 것이다.

더 나아가기 전에 흄에 대한 이런 대응이 새로운 것이 아니라고 말해야 한다. 다른 철학자도 비슷한 점들을 지적했다. 예를 들어, 18세기 철학자 임마누엘 칸트Immanuel Kant는 흄적인 양립가능론을 "하찮은 말 사기" 또는 "형편없는 속임수"라 칭했다. 그리고 19세기 미국 철학자 윌리엄 제임스William James는 다음과 같이 말했다.

〔양립가능론〕은 실재하는 사실상의 쟁점을 전적으로 덮어버린 회피의 수렁이다. … 〔양립가능주의자〕가 〔"자유의지"〕로 무엇을 의미하건 … 문제는 존재하며, 그것은 사실의 문제이지 말의 문제가 아니다.[2]

이 말들은 강력하다. 그러나 칸트와 제임스가 양립가능론이 틀렸다는 말을 하고 있는 것이 아님을 주시하라. 그들은 그것이 부적절하다고 말한다. 양립가능론자들이 그저 말장난을 하면서 진짜 쟁점을 회피한다고 말하고 있다. 그리고 이것이 바로 필자가 하는 말이다.

중요한 질문은 과연 우리에게 NPD 자유의지가 있는지 여부이며, 우리가 이런 종류의 자유의지를 지칭하기 위해 "자유의지"라는 표현을 사용하는지 여부에 필자는 전혀 신경 쓰지 않는다고 방금 전에 말했다. 이 책의 나머지 부분에서도 마찬가지일 것이다. 우리에게 NPD 자유의지가 있는지를 묻는 질문을 논의하고자 하며, 이에 대해 말하기 위해 "자유의지"라는 용어를 사용할 것이다. 그러나 이는 단지 편의를 위한 것이다 ─ 왜냐하면 "NPD 자유의지"라는 문구를 계속 사용하는 것이 정말로 짜증날 것이기 때문이다.

5

자유의지란
도대체 무엇인가?

❖

제4장에서 두 종류의 자유의지, 흄-방식의 자유의지와 선결정되지 않는 자유의지를 구별했다. 우리에게 흄-방식의 자유의지가 있음은 매우 명백하지만 별로 흥미롭지는 않다. 흥미로운 질문은 우리에게 또한 선결정 되지 않은 자유의지도 있느냐는 것이다. 이것은 우리가 원하지만 우리에게 없을 수도 있는 종류의 자유의지이다. 그리고 또한 최근에 심리학과 신경과학에서 맹공격을 받는 종류의 자유의지이다.

제6장과 제7장에서는 우리에게 선결정 되지 않은 이런 종류의 자유의지가 있는지에 대한 질문에 대해 토의할 것이다. 그러나 이 일을 시작하기 전에 이런 종류의 자유의지가 무엇으로 구성되어 있는지 — 혹은 좀 더 정확하게, 우리에게 있다면 그것은 무엇으로 구성되어 있을지를 — 더 잘 이해할 필요가 있다. 이번 장은 이에 관한 것이 될 것이다. 선결정 되지 않은 자유의지가 무엇인지, 혹은 그것이 무엇일지에 대한 그림을 제공할 것이다(그리고 다시 말하지만 보통 "선결정 되지 않은"이란 한정어를 빼버리고 그냥 자유의지로 부를 것이다).

이 종류의 자유의지를 더 잘 이해하는 것이 이 책의 나머지 부분에서 매우 중요할 것이다. 자유의지를 반박하는 과학자들은 종종 자유의지를 무엇으로 추정할지에 대해 꽤 혼란스러워한다. 그러므로 우리에게 정말 자유의지가 있다면, 그것이 무엇으로 구성되어 있을지에 대해 분명하고 혼란스럽지 않은 그림을 갖는 것이 — 우리가 반자유의지 논증들을 평가하려고 할 때 — 매우 중요할 것이다. 따라서 자유의지에 대한 토의에서 흔히 보이는 네 가지 혼란을 여기에서 정리하며 시작하겠다. 특히, 이러한 혼란은 자유의지를 반대하는 사람들의 토론 속에 종종 파묻혀 있다.

네 가지 혼란

첫 번째 혼란: 유심론spiritualism의 잔재

자유의지를 거부하는 사람들은 — 대부분 심리학자와 신경과학자들 — 거의 항상 유물론적·과학적 인간관을 지지한다. 즉, 그들은 우리에게 비물리적인 영혼이 있다는 견해를 거부한다. 그런데 그러고서는 의식적 결정 같은 심적 사건에 대해 이야기할 때 그들은 이러한 결정을 실현하는 신경 사건, 또는 결정의 신경 상관자neural correlate에 대해 이야기한다.

이것은 완전한 혼란이다. 당신이 비물리적인 영혼을 믿지 않는다면 의식적 결정은 신경 사건이라고 말해야만 한다. 의식적 결정이 있다고 말하고서 신경 상관자 또한 있다고 말할 수 없다. 이는 마치 신경 사건과 의식적 결정을 서로 다른 별개로 보는 것이다. 이는 비물리적인 영혼을 믿는 종교인들이 말해야 하는 것이다. 그런데 유물론적인 신경과학자들이 이런 식으로 말할 때 그들은 정말 헷갈리고 있다.

이 점이 분명한지 확인해 보자. 마크 트웨인Mark Twain과 샘 클레멘스Sam Clemens의 관계를 생각해 보라. 누군가가 마크 트웨인이 샘 클레멘스의 "문학적 상관자"라 말한다고 상상해 보라. 누군가가 이렇게 말하는 것을 들었다면, 우리는 머리를 긁적이며 다음과 같은 말로 대응할 것이다.

도대체 무슨 말을 하고 있나요? 마크 트웨인이 바로 샘 클레멘스입니다. 그가 샘 클레멘스의 "문학적 상관자"라고 말할 때 당신은 서로 어떤 특별한 관계가 있는 서로 다른 두 사람이 있다고 생각하는 것처럼 들립니다. 그러나 물론 여기에 서로 다른 두 사람은 없습니다. 오직 한 사람만 있습니다. "마크 트웨인"과 "샘 클레멘스"라는 이름은 단지 바로 동일인의 서로 다른 두 이름입니다.

당신이 비물리적인 영혼을 믿지 않는다면, 바로 초콜릿 아이스크림을 주문하는 당신의 의식적 결정과 소위 "신경 상관자"에 대해 말해야만 한다. 당신은 의식적 결정이 곧 신경 사건이라고 말해야만 한다는 것이다. 여기에 서로 다른 두 가지 것은 없다. 단지 단일 사건을 서술하는 두 가지 다른 방법이 있다. 당신은 그것을 "신경 사건" 또는 "의식적 결정"이라 부를 수 있다. 그러나 이때 당신은 동일한 것에 대해 그저 두 가지 다른 서술을 부여한다.

당신이 유물론적·과학적 인간관을 지지한다면 이 견해를 받아들일 수밖에 없다는 것을 쉽게 알 수 있다. 생각해 보라. 의식적 결정은 물리적 사건이거나 아니면 비물리적 사건이어야만 한다. 그런데 당신이 유물론적·과학적 인간관을 지지한다면 그것을 비물리적이라고는 분명 말할 수 없다. 당신은 의식적 결정은 물리적이라고 말해야만 한다. 그런데 의식적 결정이 물리적 사건이라면, 그것은 신경 사건이어야만 한다. 그 밖에 무엇이 될 수 있겠는가? 당신 머릿속에는 어쩌면 결정일 수도 있을 그 밖의 다른 물리적 사건들은 없다.

두 번째 혼란: 자유의지의 소재

반자유의지 논증자들은 자유의지의 정확한 소재가 어디로 추정되어야 하는지에 대해 종종 완전한 혼란 상태에 빠진다. 달리 말해, 그들은 당신이 하루 중에 자유의지를 행사하고 있다고 추정되는 정확한 시간에 대해 혼란스러워한다. 게다가 그들은 이 사안에 극히 부주의하다. 그들은 당신이 생각하는 것, 행하는 것, 선택하는 것에 자유의지가 있다는 것에 관해 마치 이들 모두가 동일한 것처럼 무차별적으로 서술한다. 그러나 그것들은 동일한 것이 아니다. 이제 우리가 보게 될 것처럼, 그것들에는 중요한 차이가 있다.

자유의지 반대론자들은 생각thoughts에 대한 자유의지가 있다는 것을 종종 이야기한다. 그들은 떠오르거나 마음을 스쳐가는 관념들을 우리가 선택하는 것이 아니라고 지적하면서 이런 말을 통해 우리에게 자유의지가 없다는 논증을 하고 있다고 생각한다. 그러나 도대체 우리에게 우리의 생각들에 대한 자유의지가 있다고 어느 누가 말했는가? 필자는 자유의지의 문제가 의식의 흐름과 관련된다고 생각한 자유의지 옹호론자를 철학의 전 역사에서 한 명도 알지 못한다. 우리는 무슨 생각을 할지 먼저 결정하고 그다음에 그것들을 생각하지 않는다. 우리는 그냥 그것들을 생각한다. 아무도 달리 제안하지 않았다. 그리고 이런 데에는 이유가 있다 — 우리에게 우리의 생각들에 대한 자유의지가 있다고 보이지조차 않는다.

더 중요한 것은, 누가 이런 종류의 자유를 원하겠는가? 뭐든 생각할 수 있기 전에 그것을 생각하기로 결정해야만 한다면, 수학 문제를 푸는 것이 얼마나 힘들지 상상해 보라. 얼마나 귀찮고 번거롭겠는가? 게다가 얼마나 **짜증스럽겠는가**? 아니면 훨씬 더 나쁘게, 당신이 어떤 생각을 할 수 있기 전에 그 생각을 하기로 결정해야만 한다면 마릴린 먼로Marilyn Monroe나 브래드 피트Brad Pitt에 대한 공상에 잠기는 기분은 어떤 것일까? 이것이 자유의지에 해당하는 것이라면, 필자는 자유의지를 원하지 않을 것이며 어느 누구도 원하지 않으리라고 생각한다.

자유의지의 소재가 우리의 생각에 있는 것이 아니라는 점을 고려하면, 우리의 행위actions에 있다는 것이 그다음 제안일 수 있다 — 우리에게는 우리가 하는 것에 대한 자유의지가 있다. 이는 우리에게 우리의 생각들에 대한 자유의지가 있다는 발상보다 조금 더 나을 수 있지만 그리 많이는 아닐 것이다. 당신이 하루에 하는 모든 것을 생각해 보라. 단 1분에 당신은 20개의 행위를 수행할 수도 있다. 예를 들어 직장이나 학교에서 차를 몰며 집에 올 때 무엇이 일어나는 지를 생각해 보라. 차에 탄다, 안전벨트를 착용한다, 열쇠를 꽂는다, 열쇠를 돌린다, 엑셀을 밟는다, 기어를 넣는다, 거울을 본다 등등. 우리는 거의 **끊임없이** 무엇인가를 하고 있다. 그것들을 거의 인식하지도 못한다. 사실상, 가끔은 전혀 인식하지 못하는 것 같다. 차에 시동을 걸고 30분 뒤에 집에 도착한다. 도중에 당신은 여러 종류의 일을 했다. 여러 번 가속하고, 브레이크를 걸고, 왼쪽으로 돌고, 오른쪽으로 돌고, 차선을 변경하고, 고속도로의 오른쪽 출구로 나오고,

차선 변경 신호를 켜고, 얼굴을 긁는 등등의 많은 행위를 했다. 당신은 이들 중 어느 것도 기억하지 못한다. 그리고 우리의 목적에 더 중요한 것은 당신이 그것들을 하려는 의식적 **결정들을** 내리지 않았다는 점이다. 우리는 이 같은 것들을 하겠다고 결정하지 않는다. 그럴 필요가 없기 때문이다. 그리고 신에게 감사하다. 만약 당신이 하는 모든 것을 하기 위해 의식적으로 결정해야 한다면 당신 삶이 어떤 악몽이 될지 상상해 보라. 당신은 산책하면서 누군가에게 말을 건네는 것을 잊어버릴 수 있다. 마음속은 다리를 어떻게 움직일지를 결정하는 일로 꽉 차 있을 것이다. 당신이 하는 모든 것을 의식적으로 결정해야만 한다면 당신의 생각이 어떨지에 대한 짤막한 묘사가 있다.

왼발을 앞으로 움직여라. 그래, 좋아, 이제 오른발을 앞으로 움직여라. 다시 왼발. 어머나, 저기 움푹 팬 곳을 조심해. 발목을 삐고 싶니? 그래 잘했다. 이제 다시 오른발, 이제 왼발. 그리고 아무쪼록 두 팔을 흔드는 것을 잊지 마라. 두 팔이 딱딱하게 굳은 채로 걸어 다니는 네 모습을 윌슨 가족이 본다면 그들이 무슨 생각을 하겠니?

우리에게 이런 종류의 자유의지가 있다면, 자살률이 상당히 오르리라 확신한다. 제정신인 사람은 아무도 이런 모든 결정을 내려야만 하길 원하지 않을 것이다.

그러므로 자유의지는 우리가 생각하는 것 혹은 우리가 행하는 것에 관한 것이 아니다. 명백한 다음 제안은 우리에게는 단지 우리의 의식적 결정들conscious decisions에 대한 자유의지가 있으며 그 밖의 것에 대해서는 없다고 추정하는 것이다. 이제 실제로 의식적 결정은 곧 어떤 종류의 행위이기에, 이제 이 제안은 우리에게 우리 행위의 어떤 부분집합(즉, 우리의 의식적 결정들)에 대한 자유의지가 있다고 추정한다. 그러나 이조차도 너무 광범위하다. 왜 그런지 보려면 다음 대화를 고려하라.

> 루시: 찰리야, 내가 이 포크로 네 목을 찔러 줄까? 내 말은, 그건 나에게 아무 문제도 아니야. 나는 그렇게 하는 걸 전혀 개의치 않아. 그러나 네 목에 포크가 있는 걸 네가 원하는지를 내가 모르니까 그건 너에게 달렸어.

> 찰리: 아니, 사양해야 될 것 같아, 루시. 내 생각해 줘서 고마운데, 나는 내 목이 포크에 찔리지 않기를 선택했어.

찰리는 정말 의식적 결정을 내렸다. 그런데 그의 선택은 아마도 신념과 욕구 등등에 의해 전적으로 야기되었을 것이다. 특히 그는 자기 목에 포크가 찔리면 죽을 것이라고 믿었기에

죽지 않기를 욕구했다. 그러므로 그는 포크 찌르기 같은 것을 일절 하지 않기로 선택했다. 그러나 그의 선택이 신념과 욕구 등등에 의해 전적으로 야기되었다는 점을 고려하면, 그는 여기에서 문제가 되는 의미의 자유의지를 행사하고 있는 것이 아니다. 왜냐하면 찰리의 결정은 선결정 되었기 때문이다. 물론, 이 경우 찰리가 행사하고 있던 일종의 자유의지는 분명히 있었다. 구체적으로 그는 흄-방식의 자유의지를 행사하고 있었다. 제4장에서 논한 흄-방식의 자유의지는 단지 당신이 원하는 것을 할 수 있는 또는 당신의 욕구에 따라 행동할 수 있는 능력임을 상기하라. 그러나 우리가 이미 보았듯이 이것은 우리가 이 책에서 관심을 갖는 종류의 자유의지가 아니다. 우리는 인간에게 흄-방식의 자유의지가 있느냐는 질문에는 관심이 없다. 우리는 인간에게 선결정 되지 않는 자유의지가 있는지 여부를 묻는 질문에 관심이 있다. 이것이 우리가 원하지만 우리에게 없을 수도 있는 종류의 자유의지이다.

그러나 이제 찰리가 한 것과 같은 결정에 관한 한 우리는 선결정 되지 않은 자유의지를 원하지 않는다는 점에 주목하라. 이런 경우 우리는 우리의 욕구가 우리의 선택을 전적으로 야기하길 원한다. 또는 어쨌든, 이것이 당신이 원해야만 하는 것이다. 당신이 이를 원하지 않는다고 말한다면, 루시가 포크로 당신 목을 찌르는 걸 원하지 않음이 사실인데도 불구하고 이 경우가 루시에게 당신 목을 포크로 찌르라고 말할 수도 있는 경우가 되길 원한다고 말하고 있을 것이다. 그러나 그건 말도 안 되는 일이다. 분명 여기에서 우리가 원하는 것은 죽음을 피하려는 우리의 욕구가 우리를 올바른 방식으로 선택하도록 야기하는 것이다. 달리 말해, 이런 경우 우리가 원하는 핵심은 **흄-방식**의 자유의지이다. 우리는 선결정 된 자유의지를 원하지 않는다.

그러므로 자유의지 (또는 여기에서 우리가 말하고 있는 종류의 자유의지)의 소재가 우리의 의식적 결정들이라는 말이 별로 옳지 않다는 것이 이 모든 것의 결론이다. **몇몇** 종류의 의식적 결정들(즉, 찰리의 결정과 같은 것들)이 내려지는 곳에서 우리에게 자유의지는 없으나 그것을 원하지도 않는다.

마침내 우리는 자유의지를 원한다고 말할 준비가 되었다. 아니 더 좋게 말하면, 어느 곳에서 **선결정** 되지 않은 자유의지를 원하는지 말할 준비가 되었다. 우리는 그 자유의지가 우리의 의식적 결정들의 특정 **부분집합**과 연관되길 원한다. 특히 우리가 **갈린 결정들**torn decisions이라 부를 수 있는 것과 연관되길 원한다. 갈린 결정은 다음과 같이 정의할 수 있다.

갈린 결정은 의식적인 결정으로서 당신에게는 여러 옵션이 있고 어떤 옵션이 최선인가에 대해 당신은 갈라져 있다. 더 정확하게 말하면, 당신에게는 거의 공동 최선으로 보이는 여러 옵션이 있어서, 무엇을 해야만 하는지에 대해 확신감이 전혀 없다 — 혹은 전적으로 갈라져 있다. 그리고 당신은 분열감을 지닌 채 결정한다.

갈린 결정들에 대해 짧게 세 가지를 말하겠다. 먼저, 여기에서 오직 분열감을 지닌 채 내리는 결정들에 대해서만 말하고 있다는 점에 주목하라. 때때로 우리는 분열감으로 시작하지만 잠시 동안 상황을 생각해 보고 여러 옵션 중 하나를 선호하는 이유들을 생각해 내고서는 더 이상 분열감을 느끼지 않는다. 이런 경우, 갈린 결정을 내리는 것이 아니다. 오히려, 보기에 갈려질 것 같이 시작했지만 나중에 아니라고 밝혀진 결정을 내리고 있다. 이와 달리, 갈린 결정은 당신이 여전히 분열된 채로 결정을 내릴 때 발생한다. 예를 들어, 아이스크림의 경우 당신은 초콜릿과 바닐라 사이에서 몹시 갈린 느낌을 지닌 채 결정을 내릴 수도 있다. 그리고 분열감을 여전히 느끼면서도 선택하길 원하는 이유는 분명할 것이다. 당신이 맨 앞줄에 이르렀고 모두들 기다리고 있다면, 계속 숙고하거나 어떤 맛을 더 원하는 지 분명해질 때까지 거기에 그냥 서 있는 것보다 갈린 결정을 내리는 것이 — 즉, 그냥 선택하는 것이 — 훨씬 더 이치에 맞을 것이다.

둘째, 갈린 결정들은 항상 의식적인conscious 결정이라는 점을 기억하는 것이 중요하다. 그래서 우리는 갈린 결정과 갈린 행위라고 불릴 수 있는 것을 구별해야만 한다. 필자가 지금 생각하고 있는 경우들에서는, "갈린 상황들"에 처해 있으나 이를 생각하기 위해 멈추거나 의식적인 결정을 내리지 않고서도 그런 상황을 해결하고 있다. 여기 이에 대한 두 사례가 있다.

(i) 당신이 차를 몰고 있는데 한 아이가 갑자기 차 앞으로 뛰어온다. 차를 멈출 시간은 없지만 운전대를 왼쪽이나 오른쪽으로 틀어서 아이를 치는 것을 피할 수 있으며 어느 쪽을 선택해야 할 명백한 이유는 없다. 당신은 그렇게 하려는 의식적 결정 없이 운전대를 왼쪽으로 튼다. 달리 말해, 당신은 그냥 반응한다.

(ii) 당신은 캠벨Campbell 토마토 스프 캔을 사러 식료품 가게에 간다. 거의 똑같은 캔 다섯 개가 선반 위에 나란히 놓여 있다 ─ 맞다, 마치 앤디 워홀Andy Warhol의 그림 같다(당신은 매우 똑똑하다). 그리고 당신은 어느 것을 집어야 할지 생각하기 위한 잠시의 주저도 없이 그중 하나를 집는다.

이런 경우 우리는 자유의지를 행사하지 않는다. 다시 말하지만 그럴 필요가 없다는 것이 얼마나 행운인지 감사해야만 한다. (i)과 같은 경우 우리의 자유의지를 행사해야만 한다면 나쁠 것이다. 그렇게 하려면 우리가 의식적으로 행위를 해야만 할 터인데 심리학자와 신경과학자들이 수많은 연구에서 밝혔듯이 의식은 매우 느리기 때문이다. 긴급 상황에 처했을 때 (또는 농구나 그와 같은 운동을 할 때) 당신은 당신의 의식적 마음에 개입하기를 원하지 않는다. 그냥 무의식적으로 반응하는 능력을 갖는 것이 훨씬 낫다. (ii)에 대해 말해 보자. 우리는 이런 경우에도 자유의지를 원하지 않지만 그 이유가 다르다. 지루할 것이기 때문이다. 어느 누구도 어떤 캠벨 캔 스프를 사야 할지에 대해 멈추어 생각해야 하기를 원하지 않는다. 왜냐하면 우리는 신경 쓰지 않기 때문이다 ─ 어떤 것을 사느냐는 문젯거리도 아니다. 우리가 자유의지에 개입하길 원하는 상황은 오직 우리가 관심을 갖는 갈린 상황들에 직면했을 때이다. 예를 들어, 당신이 토마토 스프와 양송이 스프 간의 선택에 직면해서 어떤 것을 택할지에 대해 갈려 있다면 당신의 의식적 자유의지에 개입하길 당연히 원한다. 그러나 똑같은 토마토 캔 스프 두 개 중 하나를 고를 때는 이런 일로 신경 쓰길 원하지 않는다. 슈퍼마켓 통로에 서서 캔 두 개를 놓고 미적거리며 행여나 그중 하나에 스프가 조금 더 들어 있는지 보려고 손으로 캔의 무게를 재어본다면 얼간이처럼 보일 것이다.

셋째, 우리가 얼마나 자주 갈린 결정을 내리는지 분명히 하는 것이 중요하다. 하루에 여러 번이라고 생각한다. 평범한 하루를 생각해 보라. 아침 식사로 계란을 먹을지 시리얼을 먹을지에 대해 갈린 결정을 내릴 수 있다. 또는 직장에 차로 갈지 자전거로 갈지에 대해서. 차로 간다면 일반도로로 갈지 고속도로로 갈지. 점심시간에도 일을 할지 아니면 친구 안드레Andre와 점심을 먹을지. 저녁에 영화보러 갈지 아니면 집에 있을지. 또는 식당에 있다면 어떤 전채요리를 주문할지에 대해 갈린 결정을 내릴 수도 있다.

그러나 하루에 몇 차례씩 갈린 결정을 내리면서도, 우리가 끊임없이 결정을 내리고 있는 것 같지는 않다. 당신이 영화를 보고 있거나 친구와 통화하고 있거나 직장에서 집으로 "자동조종 장치"로 차를 몰고 있다면, 당신은 갈린 결정들을 내리고 있는 것이 아니다. 그러나 평범한 일상을 떠올린다면, 당신이 갈린 결정들을 상당히 자주 내리고 있음을 알리라 생각한다. 우리는 매일 적어도 몇 번은 그런 결정을 내리는 것 같다.

그래서 여기에서 떠오르는 그림은 자신의 자유의지를 행사하지 않고 터벅터벅 하루를 살아가지만, 이따금 — 때로는 한 시간에 한 번, 때로는 더 적게, 때로는 더 많이 — 갈림길에 이르러 어느 쪽으로 가야 할지에 대해 갈린 결정을 내려야만 하는 사람의 모습이다. 그 사람은 두 길 중 하나를 선택하고 그 길에서 또다른 갈림길이 나올 때까지 자신의 자유의지를 행사하지 않고 그 길을 터벅터벅 걷는다. 이는 〈그림 1〉의 도표로 표현된다.

〈그림 1〉에서 긴 줄은 그 사람이 일생에 걸쳐 택했던 경로를 나타낸다. 점들은 갈린 결정들을 나타낸다. 점들에서 나오는 짧은 선들은 그 사람이 택할 수도 있었지만 택하지 않았던 경로들을 나타낸다. 그리고 여기에 필자의 주장이 있다. 우리는 점들에서 그리고 오직 점들에서만 자유의지를 원한다. 오직 이 점들이 우리에게 자유의지가 필요한 유일한 지점들이며 또한 우리가 자유의지를 원하는 유일한 지점들이다. 혹은 더 정확하게 말하면, 그 점들이 우리가 선결정 되지 않은 자유의지를 필요로 하고 또한 원하는 유일한 지점들이다.

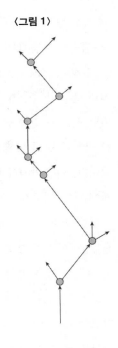

〈그림 1〉

계속 진행하기 전에 갈린 결정에 대해 한 가지를 더 말하겠다. 여기에서 언급한 갈린 결정의 사례들은 모두 그리 중요하지 않다. 저녁 식사에서 스프를 먹을지 샐러드를 먹을지와 같은 것들이다. 그래서 당신은 이로부터 갈린 결정들에 관한 모든 주제가 중요하지 않다는 결론을 내릴지도 모른다. 그러나 속지 말기를. 우선, 우리의 갈린 결정들 중 어떤 것들은 매우 중요할 수 있다. 예를 들어, 당신은 싫어하는 도시에서 좋은 취

업 제안을 받고서는 완전히 갈팡질팡하면서 어떻게 해야 할지 모르는 채 결정해야만 할 수도 있다. 둘째, 개별적인 낱낱의 갈린 결정이 그리 중요하지 않게 보일 수 있더라도 이런 모든 결정의 총합이 중요해 보이기 시작한다. 만약 당신이 살면서 내렸던 사소한 결정 중 어느 하나도 어떻게 할 수 없었다면, 그것은 당신이 당신 삶에 대한 통제권이 없었다는 말과 마찬가지일 것이다. 자유의지가 있음은 대개 굉장히 많은 소소한 결정 전체에 대한 자유의지가 있다는 것에 대한 것이다. 마지막으로, 이렇게 소소한 갈린 결정들은 소파에 누워 자유의지에 대한 책을 읽을 때는 중요하지 않게 보일 수 있더라도, 당신이 실제로 그 순간에 있을 때는 – 당신이 갈린 결정을 내리려고 할 때는 – 중요하지 않다고 느끼지 않는다. 예를 들어, 당신이 멋진 식당에 있고 메뉴에 당신에게 정말로 좋아 보이는 두 항목이 있다고 상상해 보라. 당신은 어떤 것을 주문할지에 대해 갈린다. 물론, 어떤 의미에서는 당신이 무엇을 먹든 정말 문제가 되지 않는다. 결국, 당신은 어쨌든 100년 안에 죽을 것이다. 그러나 문제는 사실상 우리가 이 같은 결정들에 관심을 가진다는 것이다. 종업원이 테이블에 오고 당신이 선택하려고 할 때 당신은 신경 쓴다. 그리고 당신이 영화관에서 **치명타**Death Blow나 **로첼, 로첼**Rochelle, Rochelle 중 어느 것을 볼 것인지 결정하려고 할 때 당신은 또 신경 쓴다. 그리고 당신이 신경 써야만 한다고 필자는 주장할 것이다. 누가 이런 일에 관심 없는 삶을 살고 싶어 할까? 당신은 미치도록 지루할 것이다. 그러니까 내 말은 이렇다. 신경 쓸 것이 뭐 없나?

세 번째 혼란: 오직 갈린 결정들의 특정 특징만이 미결정되어야 함

당신이 초콜릿 아이스크림을 주문하기로 한 결정으로 돌아가서, 이제 그것은 갈린 결정이었고 당신이 초콜릿 아이스크림을 주문하기로 결정했을 때 초콜릿과 바닐라 사이에서 완전히 갈라진 느낌이 들었다고 가정하자. 이 결정이 자유의지의 산물이기 위해서는 그것이 이전 사건들에 의해 전적으로 야기되거나 선결정 되지 않았어야 함을 당신은 이미 알고 있다. 그러나 오직 그 결정의 특정 특징만이 미결정되어야 한다는 점에 주목하는 것이 중요한다. 이 점을 이해하기 위해 다음의 가능성을 고려하라.

가능한 사태   당신이 앞줄에 이르렀을 때, 당신은 분명 어떤 아이스크림을 주문하려고 했다. 배가 고팠고 하루 종일 아이스크림이 먹고 싶었기에 이에 대해 전혀 의문의 여지가 없다 — 당신은 어떤 아이스크림을 주문할 것이었다. 사실상, 상상하고 있는 가능 각본에서는 당신의 욕구들이 당신이 아이스크림을 주문하도록 전적으로 야기했다. 당신이 이제 맨 앞에 섰을 때, 선택할 수 있는 맛이 31가지가 있음을 알았다. 그러나 기다리는 동안 당신은 여러 이유로 그중 29가지 맛을 배제했다. 에스프레소 스월Espresso Swirl은 당신의 가식적인 상사를 생각나게 하기에 제외시켰다. 그는 제인 오스틴Jane Austen 소설에서 방금 튀어나온 것처럼 새끼손가락을 멍청하게 내밀고 그런 멍청한 작은 컵으로 늘 에스프레소를 마시고 있다. 그리고 더블-팻-펏지Double-Fat Fudge도 배제했다. 당신이 꼭 무지방 아이스크림을 고집하지는 않더라도 저것을 먹고 몸이 얼마나 편한가를 말하게 될 필요를 전혀 못 느꼈기 때문이다. 버블 껌 서프라이즈Bubble Gum Surprise를 배제한 이유는 … 글쎄, 맛이 형편없어서 등등. 즉, 당신의 다양한 신념과 욕구과 선호도는 당신이 29가지 맛을 전적으로 배제하도록 야기했다. 그러나 당신은 초콜릿을 주문할지 아니면 바닐라를 주문할지 마음의 결정을 내릴 수 없었기에 완전히 갈라진 느낌을 지닌 채 마침내 선택했다. 그리고 마지막으로, 당신의 결정이 바닐라보다 초콜릿이 되도록 야기한 것은 아무것도 없었다.

물론 이는 단지 모두 가능성일 뿐이다. 그러나 중요한 점을 제기한다. 야기되지 않을 수 있는 갈린 결정의 다양한 특징이 있으며, 우리가 아는 바로는 이들 특징 중 다른 것들은 전적으로 선결정 되는 반면 어떤 것들은 전적으로 야기되지 않을 수 있다. 특히, (a) 당신의 신념과 욕구와 선호도는 당신이 처음 29가지의 맛을 완전히 배제하도록 야기했으며, (b) 그것들이 초콜릿과 바닐라 사이에서 당신이 갈린 결정을 내리도록 야기했으며, (c) 당신이 바닐라보다 초콜릿을 선택하게 야기했던 것은 아무것도 없다는 말은 완벽히 이치에 맞는다.

이제, 여기 우리에게 정말로 중요한 점이 있다. 자유의지 쟁점에 문제가 되는 것은 오직 (c)이다. 다시 말해, 갈린 결정이 내 자유의지의 산물이 되기 위해 미결정이어야 할 유일한 것은 어떤 공동-최선의 옵션이 선택되었는가which tied-for-best option was chosen이다. 그 결정에 대한 그 밖의 모든 것이 이전 사건들에 의해 전적으로 야기된다고 해도 완전 무방하다.

네 번째 혼란: 무작위성의 다른 종류들

논의하고 싶은 네 번째이자 마지막 혼란이 아마 가장 중요할 것이다. 그것은 한 사건이 "무작위"일 수 있는 여러 방법이 있다는 사실과 관련된다.

어떤 사건이 무작위라고 말할 때 우리가 의미할 수 있을 한 가지는 그것이 예측 불가능하다는 것이다. 예를 들어, 우리가 라스베가스에서 룰렛 게임을 하고 있다면 공이 어디에서 멈출

지는 전적으로 무작위라 말할 수 있을 것이다. 이렇게 말하며 우리가 의미하는 것은 그것이 예측 불가능하다는 것이다.

둘째, 어떤 사람은 야기되지 않은, 즉 원인 없는uncaused을 의미하기 위해 "무작위"라는 용어를 쓸 수도 있다. 어떤 사건이 어느 것에 의해서도 야기되지 않는다면 그것은 그냥 일어나며, 그래서 그것은 무작위로 일어난다는 의미가 있다(이것이 무작위 -또는- 선결정 반자유의지 논증에서 역할을 한다고 보이는 "무작위"의 의미이다).

세 번째 "무작위"의 의미는 갈린 결정들과 관련 있어 보인다. 당신에게 왜 바닐라보다 초콜릿를 선택했냐고 물으면 당신은 이렇게 말할 수도 있다. "모른다, 나에게는 정말 이유가 없었다, 나는 그냥 그것을 골랐다." 이 각본에서 당신은 무작위로 또는 임의로 선택했다고 말하는 것이 이치에 맞아 보인다. 우리가 이렇게 말하면서 의미하는 바는 당신에게는 선택의 이유가 없었다는 것이다. 물론, 당신에게는 초콜릿 아이스크림을 주문하고 싶은 이유들이 있었다. 그러나 또한 바닐라 아이스크림을 주문하고 싶은 이유들도 있었다. 여기에서 요점은 바닐라보다 초콜릿을 선호하는, 모든 것을 고려한all-things-considered 이유가 당신에게 없었다는 것이다. 그리고 이 점을 고려하면 ─ 당신이 갈린 결정을 내렸다는 점을 고려하면 ─ 당신이 무작위로 또는 임의로 선택했다고 말하는 것이 이치에 맞으며, 이는 그래서 다시금 "무작위"라는 단어의 세 번째 의미를 우리에게 준다.

그러나 무작위성의 이들 종류 중 그 어느 것도 자유의지의 쟁점과 관련 있다는 것은 분명하지 않다. 기억하라. 자유의지가 일종의 비무작위성nonrandomness을 필수적으로 요구한다는 것을 우리는 이미 알고 있다. 어떤 결정이 무작위로 발생한다면 그것은 당신 자유의지의 산물이 될 수 없다는 점을 몇 번이나 지적했다. 그런데 여기에서 우리는 어떤 종류의 비무작위성을 이야기 하고 있는가? 대답은 다음과 같아 보인다.

어떤 결정이 내 자유의지의 산물이기 위해서는 그 결정이 그냥 나에게 일어났다고 할 수는 없다. 그 결정을 내가 했다는 경우이어야 한다. 달리 말해 그 결정은 나의 것이어야만 한다. 내가 그 결정의 장본인이었어야 한다.

이는 우리에게 네 번째 종류의 무작위성을 준다. 이 의미에서 결정이 무작위라고 말하는 것은 결정을 내린 자가 내가 아니었고 그 결정이 그냥 나에게 일어났다는 말이다. 이것이 자유의지와 관련되는 무작위성의 종류라고 생각한다.

왜 이렇게 말하는가? 왜 이것이 자유의지에 문제가 되는 무작위성의 종류인가? 그 이유는 서로 다른 네 종류의 무작위성에 상응하는 네 문장을 살펴봄으로써 알 수 있다. 그 문장들 중

셋은 완벽하게 일리가 있지만 네 번째 문장은 일관성 없는 용어상의 모순이 될 것이다. 여기 네 개의 문장이 있다.

문장 1 "나는 내 자신의 자유의지로 선택했으며, 어느 누구도 내가 바닐라보다 초콜릿을 선택하리라고 예측할 수 없었다."

문장 2 "나는 내 자신의 자유의지로 선택했으며, 내가 했던 식으로 선택하도록 나를 야기한 것은 아무것도 없었다. 달리 말해, 아무것도 내가 바닐라보다 초콜릿을 선택하게 만들지 않았다. 나는 그냥 그 식으로 선택했다."

문장 3 "나는 내 자신의 자유의지로 선택했지만, 바닐라보다 초콜릿을 선택한 이유는 없었다. 달리 말해, 나는 그 두 옵션 사이에서 전적으로 갈라졌고, 바닐라보다 초콜릿을 주문하기로 그냥 임의로 선택했다."

문장 4 "나는 내 자신의 자유의지로 선택했지만, 선택한 사람은 내가 아니었다. 오히려 그 선택은 그냥 나에게 일어났다."

여기 내가 말하고 싶은 것이 있다. 1에서 3까지의 문장은 완벽하게 일리가 있지만, 문장 4는 앞뒤가 맞지 않는다. 내가 내 자신의 자유의지로 선택했지만 선택한 사람이 내가 아니었다는 말은 전혀 이치에 맞지 않는다. 이것은 정말 모순이다. 그러나 ― 문장 1부터 3이 말하듯이 ― 내가 내 자신의 자유의지로 선택했지만 나를 내가 했던 대로 선택하게 만든 것은 아무것도 없었으며, 나에게는 내가 했던 대로 선택할 이유가 전혀 없었고, 어느 누구도 내가 어떻게 선택할지 예측할 수 없었다는 말은 이치에 맞는다.

이는 네 번째 종류의 무작위성은 자유의지와 양립할 수 없음을 보여준다. 달리 말해, 자유의지에 요구되는 비무작위성의 종류는 선택했던 사람이 바로 나me라는 점과 관련된다.

자유의지의 그림

무작위성에 대해 방금 말한 것이 맞다면 그것은 자유의지가 무엇인지를 더 잘 이해하게 해준다. 혹은 여하튼 그것은 우리가 여기에서 관심을 갖는 종류의 자유의지, 즉 선결정 되지 않은 자유의지를 더 잘 이해하게 해준다. 지금까지 우리는 어떤 결정이 이 의미에서 자유로우려면 두 가지 조건을 충족시켜야 함을 밝혔다. 첫째, 그것은 선결정 될 수 없으며 둘째, 그것은 무작위일 수 없다. 그러나 우리는 지금 여기에서 말하고 있는 무작위

성의 종류에 대해 더 많이 알게 되었기에 이런 종류의 자유의
지가 무엇에 해당하는지 좀 더 정확해질 수 있다. 특히 우리는
다음과 같이 말할 수 있다.

선결정 되지 않은 자유의지　　어떤 결정이 (흄-방식의 자유의
지가 아니라 선결정 되지 않은 자유의지라는 의미에서) 내 자유
의지의 산물이 되기 위해서는 두 가지가 참이어야만 한
다. 첫째, 결정을 내렸던 사람이 나였어야만 한다. 그리고
둘째, 나의 선택은 이전 사건들에 의해 선결정 되지 않았
어야만 한다. 즉, (a) 내가 그것을 했고 (b) 내가 그것을 하
도록 만든 것은 아무것도 없었다.

바로 이것이 자유의지이다. 아니 오히려, 사실상 우리에게
그것이 있다면, 이것이 자유의지여야 할 것이다. 그러나 물론
배심원들은 우리에게 실제로 이런 종류의 자유의지가 있는지
여부를 아직도 심의 중이다.

이번 장에서 배운 자유의지에 대한 두 번째 중요한 교훈은
자유의지란 우리가 끊임없이 실행하는 어떤 것이 아니라는 점이
다. 즉, 우리에게 자유의지가 있다면, 우리는 오직 어떤 특정
한 순간에 간헐적으로 그것을 행사한다. 특히, 오직 갈린 결정
들을 내릴 때 (우리에게 자유의지가 있다면) 자유의지를 행사한다

66

지금까지 우리는

어떤 결정이 이 의미에서 자유로우려면

두 가지 조건을 충족시켜야 함을 밝혔다.

첫째, 그것은 선결정 될 수 없으며,

둘째 그것은 무작위일 수 없다.

99

— 우리에게 똑같이 좋아 보이는 여러 옵션에 직면한 상황에서 우리는 무엇을 해야 하는지에 대해 적어도 잠시 멈추고 생각하고, 그런 다음 의식적으로 선택하면서 문제를 해결한다. 그렇다. 우리는 자유의지를 그 밖의 다른 시간에는 행사하지 않는다(그리고 우리는 그럴 필요도 없고 그러길 원하지도 않는다).

여기에서 말하고 싶은 마지막 요점은 이번 장에서 묘사한 자유의지가 유물론적·과학적 인간관 그리고 정신적·종교적 인간관 둘 다와 완벽하게 양립 가능하다는 것이다. 여기에서 말한 것은 요컨대, 어떤 결정이 내 자유의지의 산물이기 위해서는 (a) 내가 그것을 했고 (b) 내가 그것을 하도록 만든 것은 아무것도 없던 경우여야 한다는 것이다. 이것이 비물리적인 영혼을 믿든 아니든 당신이 말해야 하는 것이라고 생각한다. 물론 당신이 유물론적 견해를 지지한다면 의식적 결정들은 물리적인 두뇌 사건이라고 말할 것이다. 반면 당신이 정신적 견해를 지지한다면 당신은 아마 의식적 결정들은 비물리적인 영혼의 비물리적 행위라고 말하길 원할 것이다. 그러나 어느 쪽이든, 내가 내린 결정이 자유로운 것이 되려면 내가 그것을 했고 내가 그것을 하도록 만든 것이 아무것도 없던 경우이어야 한다. 이것이 바로 자유의지이다. 다시 더 정확하게 말하자면, 만약 우리에게 자유의지가 있다면 그것은 (선결정 되지 않은) 자유의지이어야 할 것이다.

6

무작위
-또는-
선결정 반자유의지 논증을
막을 수 있을까?

❖

이제 자유의지가 무엇으로 구성될지를 알기에 우리에게 정말 그것이 있는지 파악해 보는 과제로 넘어가야 한다. 물론 문제는 두 가지 반자유의지 논증(과학적 논증과 무작위 -또는- 선결정 논증)이 여전히 유효하다는 것이다. 게다가 반자유의지 논증에 대한 두 가지 주된 대응 — 종교적 대응과 철학적 대응 — 은 효과가 없다. 따라서 우리가 물어야만 할 질문은 이들 논증에 대응하는 그 밖의 어떤 방법이 있는지 여부이다.

무작위 -또는- 선결정 논증을 논의하면서 시작하겠다. 이 논증은 자유의지가 완전히 불가능하다는 점을 보이려고 하기 때문에 이것으로 시작하는 것이 이치에 맞다. 이 논증은 과학적 논증과 매우 다르다. 과학적 논증은 (경험적 증거를 제시함으로써) 우리에게 정말 자유의지가 없다는 것을 보여주려 한다. 그러나 만약 자유의지가 불가능하다면 — 자유의지라는 전체 개념에 일관성이 없다면 — 경험적 자료를 살펴보느라 애를 쓸 이유가 전혀 없다.

무작위 -또는- 선결정 논증이 어떻게 진행되는지를 떠올리면서 시작하자. 그것은 이렇게 나아간다.

무작위 -또는- 선결정 반자유의지 논증 　우리는 살아가며 내렸던 낱낱의 서로 다른 의식적 결정들에 대해, 그것이 이전 사건들에 의해 야기되었거나 아니면 이전 사건들에 의해 야기되지 않았다고 확실하게 말할 수 있다. 그런데 어떤 결정이 이전 사건들에 의해 야기되었다면 그것은 당신 자유의지의 산물이 아니다. 왜냐하면 그것은 당신이 선택하기 전에 일어났던 것들에 의해 이미 결정되었기 때문이다. 그리고 어떤 결정이 이전 사건들에 의해 야기되지 않았다면 그것은 당신 자유의지의 산물이 아니다. 왜냐하면 그것은 무작위로 일어났으며, 당신의 선택이 당신의 뇌에서 그냥 무작위로 나타났다면 당신의 자유의지로 선택했다는 말은 이치에 맞지 않는다.

이 논증의 전반부는 옳아 보인다. 당신의 갈린 결정들이 이전 사건들에 의해 전적으로 야기된다면 그것들은 당신 자유의지의 산물이 아니다(또는 어쨌든, 그것들은 우리가 이 책에서 관심을 갖는 의미에서 당신 자유의지의 산물이 아니다). 그러나 논증의 후반부가 혼란스럽다고 생각한다. 당신이 바닐라보다 초콜릿을 선택하도록 야기한 것이 아무것도 없다면, 용어상 어떤 의미에서 당신의 결정이 무작위였음을 의미할 수는 있지만, 자유의지에 중요하게 문제시되는 의미에서 무작위였음은 도출되지 않는다. 자유의지 쟁점과 관련이 있는 무작위성의 의미는 결정을 내린 사람이 당신이었는지의 여부와 관계가 있다. 그러나 비록 당신이 바닐라보다 초콜릿을 선택하도록 야기한 것이 아무것도 없었다고 가정하더라도, 선택한 사람이 당신이 아니었음이 단순하게 도출되지는 않는다. 따라서 당신이 자신의 자유의지로 선택하지 않았다는 것도 도출되지 않는다.

이 점이 엄청 중요하기에 이를 옹호하는 발언을 조금 더 하겠다. 당신이 아이스크림 가게에 있는 동안 신경과학자 팀이 당신이 내린 결정의 원인을 찾기 위해 당신의 뇌를 스캔했다고 가정하라. 그리고 나중에 다음과 같은 대화가 있었다고 가정하자.

샐리: 자, 당신이 바닐라보다 초콜릿을 선택하게 야기했던 것이 무엇인지를 그 신경과학자들이 파악했나요?

당신: 실제로, 그들은 내가 그렇게 하도록 야기했던 것이 아무것도 없다고 파악했어요. 그들은 아이스크림을 먹고 싶은 나의 욕구가 (어떤 맛을 주문할지 결심하지 못하는 나의 무능력과 함께) 초콜릿과 바닐라 사이에서 갈린 결정을 내리게

야기했다고 파악했어요. 그런데 그 결정이 바닐라보다 초
콜릿이 되도록 야기한 것은 아무것도 없었어요. 나는 초콜릿
보다 바닐라를 마찬가지로 쉽게 선택할 수 있었어요.

여기까지는 그런대로 괜찮다. 그러나 샐리가 이렇게 말하면
서 대응했다고 가정해 보라.

샐리: 우와. 그래서 나는 당신의 자유의지로 선택하지 않았다고
추측합니다.

샐리가 이런 말을 한다면 완전히 기괴한 일이 될 것 같아 보
인다. 실제로, 만약 그녀가 이렇게 말한다면, 당신은 다음과 같
이 대응하는 것이 완벽하게 이치에 맞다고 생각한다.

당신: 무슨 소리입니까? 그것은 여전히 나의 선택이었어요. 신경
과학자들이 발견한 것은 내가 바닐라보다 초콜릿를 선택
하도록 야기한 것이 아무것도 없었다는 것입니다. 그러나
여기에서 선택했던 사람이 내가 아니었다는 것이 도출되
지 않습니다. 따라서 내가 내 자신의 자유의지로 선택하지
않았다는 것도 도출되지 않습니다.

이 대응은 딱 들어맞는다고 생각한다. "당신은 자신의 자유의지로 바닐라보다 초콜릿을 선택했는데, 당신이 그렇게 하도록 야기한 것은 아무것도 없었다"고 말하는 것은 완벽하게 이치에 맞아 보인다. 따라서 이것이 완벽하게 이치에 맞기 때문에, 우리가 당신의 선택이 야기된 것이 아님을 발견했다고 해도 당신은 자신의 자유의지로 선택한 것이 아니었다고 추론할 수 없을 것이다. 그래서 무작위 -또는- 선결정 논증의 후반부는 단순히 잘못되었다고 보인다.

자유의지 반대론자들은 다음과 같은 말로 이에 대응할 수 있을 것이다.

문자 그대로 당신의 선택이 바닐라보다 초콜릿이 되도록 야기한 것이 아무것도 없었다는 것이 참이라면, 우리가 말할 수 있는 하나는 당신의 선택이 바닐라가 아닌 초콜릿이 되도록 야기한 것이 당신이 아니었다는 것이다. 달리 말해, 당신은 이런 일이 일어나도록 만들지 않았다. 그렇다면 어떻게 그 선택을 했던 사람이 당신일 수 있는가? 당신일 수가 없어 보인다. 만약 이 일이 일어나도록 야기한 것이 아무것도 없었다면 ─ 아무것도 그것이 일어나게 만들지 않았다면 ─ 그것은 그냥 일어났다고 보인다. 즉, 절대로 당신은 아니었다.

당신이 이런 식으로 대응하고 싶어지면, 앞에서 만들었던 요점 — 제5장에서 내가 "첫 번째 혼란"이라 불렀던 것 — 을 잊었을 가능성이 매우 높다. 첫 번째 혼란은 의식적 결정은 상응하는 신경 사건과는 어떻게든 다르다는 생각이었다. 그렇지 않다. 유물론적·과학적 인간관이 맞다면, 의식적 결정은 곧 신경 사건이다. 그러므로 초콜릿 아이스크림을 주문하기로 결정했을 때 어떤 물리적 사건이 당신의 뇌에서 발생했다. 특히, 그것은 신경 사건이었다. 그러나 그것은 또한 의식적인 선택 행위 사건이기도 했다. 더 구체적으로 말하면, 그것은 당신이 - 초콜릿을 - 선택하는 사건이었다. 바로 그랬었다. 그것은 본질적으로 당신의 의식적 결정이었다. 이제 이 사건이 바닐라보다 초콜릿이 선택되도록 야기한 것이 아무것도 없었다고 가정하자. 괜찮다. 그래도 이 가정은 그것이 당신이 - 의식적으로 - 선택한 사건이었다는 사실을 바꾸는 데 아무 일도 하지 못한다.

그러므로 당신이 초콜릿을 선택하도록 야기한 것이 아무것도 없었다면 당신이 초콜릿을 선택하지 않았다는 말은 그저 혼란스러워 보인다. 당연히 당신이 했다. 우리는 당신이 초콜릿을 선택했다는 것을 확신하고 또 확신한다. 그것이 바로 당신의 머릿속 신경 사건이었다 — 당신이 - 의식적으로 - 초콜릿을 - 선택한 사건.

당신이 이를 알아차리지 못했을 수 있으나 어떤 종류의 마법

66

그러므로

당신이 초콜릿을 선택하도록 야기한 것이

아무것도 없었다면

당신이 초콜릿을 선택하지 않았다는 말은

그저 혼란스러워 보인다.

99

이 방금 일어났다. 우리는 단지 무작위 -또는- 선결정 논증을 반박만 했던 것이 아니다. 그것을 완전히 뒤집어엎었다. 달리 말해, 우리는 정확히 정반대의 결론을 옹호했다. 무작위 -또는- 선결정 논증에서 핵심 주장은(또는 여하튼 그 논증의 후반부는) 다음과 같다.

우리의 결정들이 야기되지 않는다면, 그것들은 무작위이기에 우리 자유의지의 산물이 아니다.

우리는 이제 이 주장이 거짓임을 알게 되었다. 그러나 이것이 전부가 아니다. 우리는 또한 다음과 같은 (정반대) 주장이 참임을 알게 되었다.

우리의 갈린 결정들이 야기되지 않는다면, 우리가 이런 결정을 내릴 때 행한 방식으로 선택하도록 만든 것이 아무것도 없으며, 그러므로 그것들은 우리 자유의지의 산물이다.

왜 이것이 참인가? 당신의 갈린 결정들이 당신 자유의지의 산물이기 위해서는 두 조건이 충족되어야만 한다. 그것은 (a) 당신의 갈린 결정들이 당신에 의해 내려지고, (b) 당신이 갈린 결정들을 내릴 때, 당신이 한 대로 선택하도록 만든 것은 아무것도 없다는 경우이어야만 한다. 지금 우리는 조건 (a)가 충족된다는 것을 이미 알고 있다. 당신의 갈린 결정들이란, 그것들의 본질상, 당신이 - 의식적으로 - 선택하는 사건이기 때문에 그것들은 틀림없이 당신에 의해 내려진다. 그러므로 오직 진짜 질문은 조건 (b)가 충족되는지 여부이다. 달리 말해, 그 질문은 당신이 갈린 결정들을 내릴 때 당신이 한 대로 선택하도록 만든 것이 뭐라도 있는지의 여부이다. 그러나 당신의 갈린 결정들이 야기되지 않는다면 당신이 한 대로 선택하도록 만든 것은 아무것도 없다는 것이 확실하게 도출된다. 따라서 당신의 갈린 결정들이 야기되지 않는다면 그것들은 당신 자유의지의 산물이다라는 결론에 이르게 된다.

그러므로 우리는 이제 상당한 진전을 이루었다. 구체적으로 두 가지를 성취했다. 첫째, 우리는 무작위 -또는- 선결정 반자유의지 논증을 반박했다(왜냐하면 우리의 갈린 결정들이 야기되지 않는다면 그것들은 자유로운 결정이 아니라는 주장을 반박했기 때문이다). 둘째, 우리는 자유의지 논쟁이 무엇에 달려 있는지 밝혀냈다. 왜냐하면 우리는 다음 두 가지가 모두 참임을 알아냈기 때문이다.

1. 우리의 갈린 결정들이 이전 사건들에 의해 야기된다면 우리에게는 자유의지가 없다.

2. 우리의 갈린 결정들이 이전 사건들에 의해 야기되지 않는
   다면 우리에게는 자유의지가 있다.

그러므로 자유의지 논쟁은 우리의 갈린 결정들이 이전 사건
들에 의해 야기되는지의 여부를 묻는 질문에 이른다고 보인다.[1]

이는 흥미롭다. 우리에게 자유의지가 있는지를 묻는 질문은
경험과학을 향한 질문이라는 뜻이다. 이제, 우리가 자유의지를
원한다고 가정하면, 위험할 수 있다. 올바른 종류의 과학적 연
구는 우리에게 자유의지가 없다는 것을 입증할 수 있다는 뜻
이다.

실제로, 어떤 사람들은 이미 이 일이 일어났다고 생각한다는
것을 우리는 보았다. 자유의지 반대론자들은 우리의 결정들이
이전 사건들에 의해 야기되며, 따라서 우리에게 자유의지가 없
다는 생각을 옹호하는 강력한 경험적-과학적 주장을 만들었다.
바로 우리가 과학적 논증이라 불렀던 것이다.

우리는 여전히 이 논증을 평가해야 하지만, 이번 장의 고찰
들은 자유의지의 반대자들이 ― 더 구체적으로는 과학적 반자유의
지 논증을 명료하게 만들었던 사람들 ― 적어도 올바른 길을 가고
있다고 제시한다. 달리 말해, 그들은 문제에 대해 올바르게 생
각하고 있다. 우리에게 자유의지가 있는지 여부를 묻는 질문은
과학적 질문이며, 구체적으로 우리의 결정들이 이전 사건들에

의해 야기되는지 여부에 대한 질문이다. 그러므로 만약 자유의지 반대론자들이 우리의 결정들이 이전 사건들에 의해 전적으로 야기된다는 것을 보여주는 증거가 있다고 말할 때 그들이 옳다면, 게임은 끝이다 — 우리에게 자유의지는 없다.

이번 장을 끝내기 전에 언급하고 싶은 점이 있다. 비물리적인 영혼을 믿건 아니건 — 또는 달리 말해, 정신적·종교적 인간관을 받아들이건 유물론적·과학적 인간관을 받아들이건 — 여기에서 무작위 -또는- 선결정 반자유주의 논증에 했던 대응은 우리 모두에게 소용 있다는 점이다. 필자는 토의하면서 유물론적·과학적 견해가 옳다고 가정했다. 그러나 정신적·종교적 견해의 옹호자들은 여기에서 말했던 것과 본질적으로 똑같은 것들을 말할 수 있다. 특히 그들은 다음과 같이 말함으로써 무작위 -또는- 선결정 논증에 대응할 수 있다.

당신의 갈린 결정들이 이전 사건들에 의해 야기되지 않는 경우, 그것들이 당신 자유의지의 산물이 아님은 도출되지 않는다. 이와 반대로, 이 각본에서 그것들은 당신 자유의지의 산물이다. 다음 두 가지 이유 때문이다. (a)그것들은 당신에 의해 내려졌다 (왜냐하면 그것들은 당신 영혼에서 일어나는 당신이 — 의식적으로 — 선택하는 사건들이기 때문이다). 그리고 (b)당신이 이런 결정들을 내릴 때 당신이 한 방식들로 선택하도록 당신을 만든 것은 아무것도 없다.

물론 이것은 여기에서 유물론적·과학적 인간관의 옹호자들을 대신하여 필자가 제시한, 무작위 -또는- 선결정 된 논증에 대한 대응과 정확하게 유사하다. 따라서 이것은 비물리적인 영혼을 믿는지 여부와 상관없이 무작위 -또는- 선결정 반자유의지 논증에 대해 본질적으로 똑같은 대응을 할 수 있다는 것을 의미한다.

과학적 반자유의지 논증을
막을 수 있을까?

❖

마침내 과학적 반자유의지 논증을 평가하고 그것이 자유의지의 존재를 부인할 타당한 이유를 주는지의 여부를 결정할 시간이 왔다. 요컨대, 과학적 논증은 다음과 같이 진행한다.

과학적 반자유의지 논증   소위 의식적 결정들은 우리가 선택하기 이전에 발생하고, 우리의 통제를 완전히 벗어나 있으며, 실제로 전혀 의식하지 못하는 사건들에 의해 전적으로 야기된다는 주장을 뒷받침하는 (심리학과 신경과학으로부터의) 강력한 과학적 증거가 있다.

실제로 여기에 몇 가지 논증이 있다 – 하나는 심리학적 연구 결과에 근거하고 다른 몇 개는 신경과학적 연구 결과에 근거한다. 심리학으로부터의 논증은 거의 문제가 없으므로 이 논증으로 시작하자.

심리학으로부터의 논증

심리학으로부터의 논증이 어떻게 나아가는지를 떠올리며 시작하자. 이 논증은 우리의 많은 행위와 결정이 우리가 전혀 의식하지 못하는 것들 ─ 잠재의식 메시지 같은 것 ─ 에 의해 야기된다는 사실에 근거한다. 더욱이, 이런 일이 일어날 때 사람들은 흔히 자신들이 무엇을 했든 그것을 왜 했는지에 대해 전적으로 오해한다. 그들은 행위의 이유에 대해 정교한 이론들을 만들어낸다. 그들은 이런 이론들이 참이라고 믿지만, 바깥에서 보면 전혀 참이 아님을 알 수 있다. 즉, 심리학으로부터의 논증 배후의 주요 생각은, 흔히 우리의 통제를 완전히 벗어난 무의식적 요인들에 의해 우리 행위가 야기된다는 것이다.

자유의지가 무엇인가에 대한 제5장에서의 논의를 고려하면 우리는 지금 이 논증에서 무엇이 잘못되어 있을지를 보는 데 훨씬 더 좋은 위치에 있다. 여기에서 첫 번째 요점은 심리학자들이 이 주제로 수행했던 대부분의 연구가 우리의 행동 ─ 즉, 우리가 하는 것들 ─ 과 중점적으로 연관되었다는 것이다. 그러나 제5장에서 보았듯이 자유의지는 실제로 우리의 행동과 전혀 관련이 없다. 그것은 우리의 의식적 **결정들**과 관련이 있다. 사실, 필자가 전개해 온 견해에 의하면, 우리는 갈린 결정들 ─ 어떤 옵션이 최선일지에 대해 분열감을 지닌 채 내리는 결정들 ─ 을 내릴 때만 오직 자유의지를 행사한다고 추정된다. 이제 우리가 여기에서 말하고 있는 심리학적 연구들 중에 갈린 결정과 연관되는 것은 거의 없다고 밝혀졌다. 따라서 당신은 이런 연구가 자유의지의 문제와 그저 상관없다고 생각할지도 모른다. 그러나 이렇게 끝나기엔 너무 이르다. 모든 심리학적 연구를 모아볼 때 — 그것들을 하나의 전체로 볼 때 — 그것들은 다음 결론에 대한 충분한 증거를 제공한다.

우리 행위들은 — 다양한 종류의 사례 전반에 걸쳐 — 흔히 우리의 통제를 완전히 벗어나는 무의식적 요인들에 의해 영향을 받는다.

이에 대한 증거는 너무 광범위하고 너무 압도적이어서, 여기에서 이야기하고 있는 현상이 — 우리 행위의 무의식적 원인들의 현상이 — 우리의 갈린 결정들까지 거의 확실하게 뻗어 있다는 것이 도출되는 것처럼 보인다. 달리 말해, 갈린 결정과 명백하게 관련된 연구가 거의 없다 해도, 모든 연구의 요지는 서로 다른 모든 종류의 인간 행위가 우리의 통제를 완전히 벗어난 무의식적 요인들에 의해 야기될 수 있음을 시사한다. 그러므로 갈린 결정들이 무의식적 요인들에 의해 야기될 수 있음은 당연한 이치이다.

그러나 심리학 연구들은 우리의 갈린 결정들이 항상 무의식적 요인들에 의해 야기된다는 것을 보여주지 않는다 - 사실상, 그들은 보여주려는 것조차 하지 않는다. 더욱이 이것은 바로 우리에게 자유의지가 없음을 보이기 위해 그들이 해야만 하는 일이다. 생각해 보라. 당신이 자유의지를 믿는다면, 당신의 갈린 결정 모두가 당신 자유의지의 산물이라고 말할 필요가 없다. 단지 그것들 중 일부만 그렇다고 말하면 된다. 당신이 평균적으로 하루에 다섯 번의 갈린 결정을 내린다고 가정하자. 그리고 평균적으로 이 결정들 중 두 개가 무의식적 요인들 - 즉, 당신이 전혀 인식하지 못하며 당신의 통제를 완전히 벗어나 있는 것들 - 에 의해 야기된다고 가정하자. 예를 들어, 아마 당신은 어머니를 무의식적으로 싫어하고(왜냐하면 당신이 유아였을 때 당신이 모르는 사이에 그녀는 피가 날 때까지 당신의 손가락과 발가락을 깨물곤 했기에) 바닐라 아이스크림의 색깔이 그녀의 치아를 무의식적으로 상기시키기 때문에 초콜릿 아이스크림을 주문하기로 결정했을 수도 있다. 그리고 아마 당신은 직장에 가는 도중에 본 어떤 시시한 게시판에 자신도 모르게 무의식적으로 동기화되었기 때문에 점심을 먹으며 코카콜라를 샀을 수 있다. 그런데 평균적으로 다섯 번의 결정 중 두 결정이 이렇다고 인정하더라도, 나머지 세 개의 갈린 결정들은 여전히 남는다. 그리고 아마 그 결정들은 무의식적 요인들에 의해 야기되지 않았을 것이다.

그러므로 진짜 질문은 이것이다. 여기에서 심리학자들이 수행했던 연구들이 – 잠재의식 메시지 같은 것들에 관한 연구 – 우리가 갈린 결정들을 내릴 때마다 우리의 선택이 항상 무의식적 요인들에 의해(즉, 우리가 인식하지도 못하고 우리의 통제를 벗어난 것들에 의해) 야기되거나 선결정 된다고 생각할 만한 타당한 이유를 주었는가?

이 질문에 대한 대답은 분명해야 한다. 그것은 철저하게 아니요no이다. 사실상, 심리학자들은 이 결과를 수립하는 근처에다가가지도 못했다. 그들이 보여준 전부는 때때로 우리의 행위가 우리가 인식하지 못하는 것들에 의해 야기된다는 것이다.

그렇다면 결론은 잠재의식적 동기들 – 잠재의식 메시지 같은 것들 – 에 대한 심리학적 연구들은 우리에게 자유의지가 없음을 보여주지 않는다는 것이다. 그것들은 기껏해야 우리가 생각했던 것보다 조금 덜 자주 자유의지를 실행한다는 것을 보여준다.

신경과학으로부터의 논증

우리가 대답해야 할 마지막 질문은 신경과학으로부터의 논증이 우리에게 자유의지가 없음을 보이는 데 성공하는지 여부이다. 그러나 이 일에 착수하기 전에 중요한 예비 질문에 대답할 필요가 있다.

예비 질문: 신경과학은 결정론적 과학인가, 확률론적 과학인가?

제2장에서 양자역학은 확률론적 법칙들을 포함한다고 설명했다. 달리 말해, 그것은 이와 같은 법칙들을 포함한다.

> 만약 당신에게 상태 S의 물리적 시스템이 있어서, 그 시스템에서 실험 E를 수행한다면, O1과 O2라는 서로 다른 두 개의 가능 결과를 얻을 것이다. 게다가 O1 결과를 얻을 확률은 50%이며 O2 결과를 얻을 확률도 50%이다.

이것은 양자역학이 어떤 물리적 사건들은 선결정 되지 않을 가능성을 허용한다는 것을 의미한다. 이는 우리의 갈린 결정들이 선결정 되지 않을 가능성을 열어주기 때문에 자유의지 쟁점에 매우 중요하다.

그러나 어떤 물리적 사건들은 선결정 되지 않는다고 가정하더라도, 어떤 신경 사건도 선결정 되지 않는다는 것이 도출되지는 않는다. 그리고 이것이 우리에게 정말로 중요한 문제이다. 결국, 유물론적·과학적 인간관이 옳다고 가정하면 갈린 결정은 곧 신경 사건이다. 따라서 우리에게 자유의지가 있다는 주장은 우리의 갈린 결정들 중 일부가 선결정 되지 않는다는 주장에 달려 있기 때문에 그것은 또한 어떤 신경 사건들은 선결정 되지 않는다는 주장에도 달려 있다.

그렇다면 오늘날의 신경과학은 이에 대해 무엇이라 말하는가? 모든 신경 사건은 이전 사건들에 의해 전적으로 선결정 된다고 하는가? 아니면 선결정 되지 않은 어떤 신경 사건들이 있을 가능성을 열어 놓는가? 대답은 오늘날의 신경과학은 비결정론의 가능성을 열어 놓는다는 것이다. 다시 말해, 오늘날의 신경과학 이론은 전적으로 결정론적이지는 않다. 실제로, 가장 근본적인 신경 과정의 일부는 신경과학에 의해 확률적으로 취급된다. 조금 더 자세하게 설명해 보겠다.

뉴런neuron은 정보를 전자적으로 전송하는 길고 가는 신경세포이다. 그것은 일종의 뇌 안의 전선 같은 것이다. 그러나 전선과 달리 불연속적인 신경세포들은 아주 작은 간극들로 분리되어 있다. 하나의 전기 신호가 하나의 신경세포를 타고 내려가 그 세포의 끝에 도달할 때 (신경전달물질이라 부르는) 작은 입자가 방출된다. 신경전달물질은 간극을 통과하여 그다음 신경세포로 이동한다. 그리고 신경전달물질이 그다음 신경세포에 도달할 때 그것은 바로 그 신경세포의 발화를 야기한다 — 달리 말해, 신경전달물질은 전기 신호가 신경세포를 따라 이동하도록 야기하며, 이와 같이 처음부터 다시 전체 과정을 반복한다.

여기에 두 개의 주요 사건이 있음을 주시하라. 하나는 작은 입자 또는 신경전달물질의 **방출**release이다(이 사건은 신경세포의 끝에 도달하는 전기 신호에 의해 야기된다). 두 번째 사건은 **신경 발화**neural firing이다(이것은 신경전달물질의 도달에 의해 야기된다).

이제, 여기에 정말로 중요한 점이 있다. 오늘날의 신경과학 이론은 이러한 두 과정 모두를 확률적으로 다룬다. 달리 말해, 우리의 현재 이론에 관한 한, 이 두 과정을 지배하는 결정론적 법칙은 없다. 신경전달물질이 신경세포에 도달할 때마다 발화한다는 법칙은 우리에게 없다. 그리고 신경세포가 발화할 때마다 신경전달물질의 방출을 촉발한다고 말하는 법칙도 우리에게 없다. 오히려, 신경세포가 발화할 때 신경전달물질은 때때로 방출되지 않는다. 마찬가지로 신경전달물질이 신경세포에 도달할 때 그것은 때때로 발화하지 않는다. 결국, 신경과학에 관한 한, 이런 종류의 특정 사건들은 선결정 되지 않을지도 모른다. 달리 말해, 우리가 아는 바로는, 특정 경우에서 신경세포가 발화하는지 여부는(또는 신경전달물질이 방출되는지 여부) 선결정 되지 않을 수 있을 것이다.

이것은 우리에게 자유의지가 있기를 바란다면 좋은 소식이다. 이는 현재의 신경과학 이론에 관한 한, 어떤 신경 사건들은 선결정 되지 않을 수도 있음을 의미한다. 그리고 이것이 자유의지를 위해 필요한 것이기 때문에 적어도 자유의지의 가능성에 대한 문이 열려 있는 듯이 보인다.

(분명히 말하자면, 나는 신경과학자들이 선결정 되지 않은 신경 사건들이 있음을 보여주었다고 말하는 것이 아니다. 그보다는 어떤 종류의 신경 사건들은 선결정 되지 않을 수 있음을 알아냈다는 것이 지금 우리가 아는 전부이다. 달리 말하면, 신경과학자들은 문제의 신경 사건들이 전적으로 야기되거나 혹은 선결정 된다는 무슨 증거도 발견할 수 없었다는 것이 요점이다.)

그러나 이는 모두 극히 일반적이다. 그것이 우리에게 말하는 전부는 어떤 신경 사건들은 선결정 되지 않을 수 있다는 것이다. 그것은 특히 갈린 결정들에 대해 말해 주는 것이 아무것도 없다. 나아가 문제는 우리의 갈린 결정들이 선결정 되며 또한 그것들은 우리가 의식하지 못하는 이전의 신경 사건들에 의해 전적으로 야기된다는 점을 시사하는 신경과학의 연구들(특히 벤저민 리벳과 헤인즈의 연구)이 그쪽에 있다는 것이다. 그래서 이런 연구들이 보여준다는 것 − 즉, 우리에게 자유의지가 없음 − 을 그들이 정말로 보여주는지를 살펴보자.

리벳의 연구들

신경과학적 반자유의지 논증들 중 가장 유명한 것은 리벳의 연구에 근거한다. 이 논증이 어떻게 나아가는지 떠올려보자.

우리는 의식적 결정이 준비전위readiness potential로 알려진 특정 종류의 뇌활동과 연관된다는 점을 (1960년대부터) 오랫동안 알고 있었다. 1980년대 초반에 리벳은 준비전위, 행위를 하려는 의식적 의도, 행동 그 자체에 대한 시간표 수립에 착수했다. 그는 피실험자들을 1000분의 1초 단위로 측정할 수 있는 큰 시계 앞에 마주 서게 하고, 그들이 손목을 움직이고 싶은 충동을 느낄 때마다 움직이면서 충동을 느낀 정확한 시간을 기록해 달라고 말했다. 리벳은 준비전위 – 우리의 결정과 연관된 물리적 뇌활동 – 가 움직이려는 의식적 의도 약 0.5초 전에 발생했음을 밝혔다.

사람들은 자유의지가 없음을 보이기 위해 리벳의 연구 결과들을 가져왔다. 제2장에서 언급했듯이 이를 옹호하는 논증은 다음과 같은 방식으로 이루어질 수 있다.

당신이 행위를 수행할 때, 당신 행위의 물리적 원인들이 이미 작동한 이후에 당신이 행위를 하려는 의식적 결정을 내린다면, 당신에게 자유의지가 있다는 생각은 환상이다. 당신이 의식적 선택을 하기 전에 당신 행위의 물리적 원인들이 이미 작동하고 있다면 당신이 자유의지로 손목을 움직이려고 결정했다는 말은 전혀 이치에 맞지 않는다.

즉, 우리가 의식적 결정을 내리기 전에 발생하여 우리의 행위를 야기하는 순전히 물리적이고 비의식적인 두뇌 사건들이 존재하기 때문에 우리에게는 자유의지가 있을 수 없다 ─ 우리의 의식적 결정이 우리 행위의 궁극적 원인이 될 수 없다 ─ 는 것이 여기에서의 생각이다.

이는 논증이며, 지금 그것의 잘못된 점을 말하고 싶다. 요컨대, 이 논증의 문제점은 준비전위가 우리 행위들의 산출에 어떤 종류의 인과적 역할을 한다고 그냥 가정하는 것이다. 그러나 사실상, 우리는 준비전위의 목적이 무엇인지 전혀 모른다. 그것이 왜 발생하는지 알지 못하며 무엇을 하는지도 모른다.

이 점은 매우 중요하다. 리벳의 연구 결과들이 자유의지에 대해 진정한 문제를 제기하려면 준비전위가 우리의 결정과 행동의 산출에 매우 특별한 역할을 하는 경우가 있어야만 한다. 특히, 다음 사항이 반드시 참이어야 한다.

가능성 1   당신이 갈린 결정을 내릴 때, 준비전위는 당신이 선택한 방식의 원인(또는 적어도 원인의 일부)이다. 예를 들어, 당신이 초콜릿 아이스크림을 주문했을 때, 준비전위는 당신이 바닐라보다 초콜릿을 선택하도록 야기했다(또는 어쨌든, 준비전위는 당신이 바닐라보다 초콜릿을 선택한 행동의 일부 원인이었다).

그럼에도 문제는 이것이 준비전위가 하는 것이라는 주장에 대한 증거가 전혀 없다는 점이다. 그래서 여기서 필자의 주장은 단지 이것이다. 준비전위는 다른 어떤 것, 즉 당신이 어떤 옵션을 선택하는가와 전혀 상관없는 어떤 것을 하고 있을지 모른다. 그리고 이 요점을 이 논의에 가져오기 위해 준비전위가 하고 있을 수도 있는 사례를 말하고 싶다. 사실상 준비전위가 하고 있을 수 있는 것들은 많다. 이런 가능성들 중 단 하나만 서술할 것이다.

서술하려는 가능성은 제5장에서 세 번째 혼란이라 부른 것과 관련된다. 세 번째 혼란은 오직 갈린 결정의 특정 특징만 미결정일 필요가 있다는 사실과 관련된다. 특히 우리가 갈린 결정들을 내릴 때, 어떤 공동-최선의 옵션이 선택되는가는 이전 사건들에 의해 선결정 되지 않는다. 그러나 그 결정에 대한 그 밖의 모든 것은 이전 사건들에 의해 전적으로 야기될 수 있다. 그리고 준비전위가 갈린 결정들의 이런 그 밖의 특징들의 일부 원인일 수 있다는 것을 지금 보려고 한다. 여기 준비전위가 하고 있을지도 모를 가능성이 하나 있다.

가능성 2   준비전위는 결정 발생의 일부 원인일 수 있다.
초콜릿 아이스크림 주문하는 당신의 결정을 다시 생각해
보라. 우리가 지금 아는 것은 다음의 두 주장 모두 참일
수 있다는 것이다. (i) 초콜릿과 바닐라 사이에서 갈린 결
정을 내린 사실은 이전 사건들에 의해 전적으로 야기되었
다. (ii) 당신이 바닐라보다 초콜릿을 선택했다는 사실은
어떤 것에 의해서도 야기되지 않았다. 그런데 이를 고려
하면, 준비전위는 (i)에서 언급된 인과 과정의 일부였을
수 있다. 달리 말해, 준비전위는 당신이 초콜릿과 바닐라
사이에서 갈린 결정을 하게 이끌었던 물리적 두뇌 과정의
일부였을 수 있다. 그래서 당신이 바닐라보다 초콜릿을
선택했다는 사실과 준비전위는 아무런 관련이 없었을 수
있다. 그러므로 당신이 의식적 결정을 내리기 이전에 준비
전위가 나타났더라도 당신의 선택이 선결정 되었다는 것
이 결코 도출되지 않는다.

그러므로 가능성 2는 우리의 갈린 결정에서 준비전위가 무
엇을 할 수 있는지 대한 대안적 이야기는 주지만, 우리가 특정
옵션들을 선택하도록 야기한다는 것과는 거리가 멀다. 지금으

로서는 이 대안적 이야기 – 가능성 2 – 를 참이라고 생각할 타당한 이유가 없다. 그러나 우리에게 중요한 점은 그것을 거짓이라고 생각할 타당한 이유도 없다는 것이다. 그것이 거짓이라는 증거는 없다. 간단히 말하자면, 요점은 가능성 2보다 가능성 1을 선호할 타당한 과학적 이유가 없다는 것이다. 그리고 이는 리벳의 연구 결과들이 자유의지를 반증한다는 옹호 논증을 약화시키기에 충분하다. 결국 요점은 이렇다. 당신이 갈린 결정을 내릴 때 특정 옵션을 선택하도록 준비전위가 야기한다고 생각할 타당한 이유가 전혀 없기에, 준비전위의 현존은 당신의 갈린 결정들이 자유의지의 산물이 아니라고 생각할 어떤 이유도 주지 않는다.

헤인즈의 연구들

이제 헤인즈의 연구들에 근거한 반자유의지 논증을 평가하는 일만 남았다. 이 논증은 반자유의지 논증들 중에서 가장 대응하기 어려운 것 같아 보일지 모른다. 왜냐하면, 직관적으로 헤인즈의 연구들은 우리에게 자유의지가 있다는 생각에 치명타를 날리는 것처럼 보이기 때문이다.

사실상, 헤인즈의 연구는 조금 전에 필자가 리벳의 연구에 대해 말한 것에 대응하는 방법을 자유의지 반대론자들에게 제공하려고 맞춤 제작된 것처럼 보인다. 리벳의 논증에 대한 필자의 핵심적 반론은 그의 연구들이 갈린 결정의 발생과 어떤 공동-최선의 옵션이 선택되는가의 논점을 구분하는 데 실패한다는 점이었다. 리벳의 논증에 대한 더 구체적인 반론은, 준비전위란 특정 공동-최선의 옵션이 선택되도록 야기하기 위해 어떤 일도 하지 않으면서 우리의 갈린 결정들이 일어나도록 야기하는 것의 일부일 수 있다는 것이 우리가 아는 전부라는 점이다. 그러나 헤인즈의 연구들은 이런 종류의 대응을 막으려고 맞춤 제작되었다고 보인다.

헤인즈의 중심 연구가 어떻게 진행되었는지를 떠올려보자. 헤인즈는 피실험자들의 왼손과 오른손에 각각 버튼 하나를 주고, 왼쪽 버튼을 누를지 오른쪽 버튼을 누를지에 대해 어떤 시점에 결정을 하고, 결정하자마자 곧바로 주어진 버튼을 누르라고 말했다. 헤인즈는 뇌의 다른 두 영역에서 무의식적 신경활동이 있음을 발견하고 피실험자들이 왼쪽 버튼을 누를지 아니면 오른쪽 버튼을 누를지를 예측했다. 게다가 이 활동이 그 사람이 주어진 버튼을 누르려는 의식적 결정을 내리기 전 7초에서 10초 사이에 일어났음도 발견했다. 이런 실험 결과들은 치명적인 반자유의지 논증을 제공하는 것 같다. 논증 하나는 다음과 같을 것이다.

만약 당신이 왼쪽 버튼이나 오른쪽 버튼을 누르려고 하는데, 당신의 뇌를 보고 있는 누군가가 당신이 의식적 선택을 내리기 전 7초에서 10초 사이에 당신이 어떤 버튼을 누를지 예측할 수 있다면, 분명 당신의 의식적 선택은 당신이 한 것을 결정하는 데 책임이 없다. 당신이 하려고 했던 것은 당신이 의식적 결정을 내리기 전에 이미 결정되었다. 그리고 이 점을 고려하면 당신이 당신 자유의지로 선택했다는 말은 전혀 이치에 맞지 않는다. 즉, 우리가 의식적 결정들을 내릴 때 우리가 하려고 하는 것이 우리가 이런 결정을 내리기 몇몇 초 이전에 이미 정해진다면, 우리에게는 결코 자유의지가 없다.

이는 자유의지를 믿지 않는 사람들이 통상 제시하는 논증 방식이다. 그리고 논증이 이같이 제시될 때 그것은 매우 강력해 보인다. 그러나 헤인즈의 실험 결과들이 게재된 저널 기사를 직접 살펴볼 때 모든 종류의 문제가 출현하기 시작한다. 악마는 디테일에 있다는 말처럼 세부 사항에 문제가 있다. 지금 이 연구의 일부 세부 사항들이 어떻게 반자유의지 논증을 전적으로 약화시키는지 설명하고 싶은 것이다.

이 연구의 두 가지 세부 사항에 대해 논의하고 싶다. 첫 번째는 전-의식적-선택 신경활동이 발견된 뇌의 특정 영역과 연관된다. 특별히, 그것은 두정엽partieal cortex(간단히, PC)과 대뇌전두극부Brodmann area 10(간단히, BA10)에서 발견되었다. 왜 이것이 중요한가는 아래에서 분명해질 것이다. 두 번째 중요한 세부 사항은 다음과 같다. 헤인즈가 (PC 및 BA10 영역에서) 발견한 전-선택 뇌활동은 피실험자들의 선택 결과 예측에 실제로 그렇게 우수하지 않았다. 사실상 그것은 어림짐작보다 기껏해야 10%만이 더 정확했다. 당신이 어림짐작으로 피실험자가 왼쪽 버튼을 누를지 오른쪽 버튼을 누를지 추측한다면 약 50% 정도 맞을 것이다. 그리고 피실험자들 뇌의 PC 및 BA10 영역을 보며 이것을 사용해 왼쪽 버튼을 누를지 오른쪽 버튼을 누를지 예측한다면 잘해야 60% 맞을 것이다. 이는 분명 통계적으로 유의미하므로 무엇인가를 보여준다. 그러나 100%의 정확도와는 거리가 엄청 멀다. 그리고 다음에 설명하겠지만 이는 헤인즈의 반자유의지 논증을 전적으로 약화시킨다. 즉, 헤인즈의 연구 결과들은 분명 무엇인가를 보여주지만, 우리에게 자유의지가 없음을 보여주지는 않는다.

그러나 전-선택 뇌활동이 PC와 BA10 뇌 영역에서 발견된 사실의 중요성을 천천히 설명해 보자. 이에 대해 이상한 점은 뇌의 이런 영역들이 보통 때에는 자유로운 결정들과 연관되지 않는다는 것이다. 오히려 그 영역들은 계획 또는 의도와 연관된다. 구체적으로 PC는 계획의 생성과 그리고 BA10은 계획의 저장과 관련된다. 예를 들어, 내년 여름 하와이를 방문할 계획을 세운다고 가정하자. 일단 이 계획을 세우면 그것을 기억할 수 있다. 이는 그 계획이 뇌 어디인가에 저장됨을 의미한다. 그리고 이 같은 계획들이 뇌의 BA10 영역에 저장된다는 중요한 증거가 있다. 물론 계획들이 PC 영역에서 생성된다는 증거도 있다.

이는 정말로 중요하다. 사실상, 이것과 PC와 BA10 영역의 신경활동이 어림짐작보다 단 10%만이 더 예측적이라는 사실을 결합할 때 반자유의지 논증은 전적으로 무너질 것이다. 왜냐하면 이 두 사실을 결합할 때, 그것들은 자유의지와 완벽하게 조화를 이루는 헤인즈 연구 결과에 대한 해석을 시사하기 때문이다. 잠시 후 이 해석이 무엇인지를 말해 주겠다. 그러나 우선, 배경을 만들고 싶다.

누군가 당신에게 무엇인가에 대해 생각하지 말라고 요구할 때, 그것을 지키기가 갑자기 매우 힘들어진다. 예를 들어, 지금 당신이 에이브러햄 링컨Abraham Lincoln에 대해 생각하는 것을 내가 원하지 않는다면 내가 할 수 있는 최악의 것 중 하나는 당신에게 링컨에 대해 생각하지 말라고 말하는 것이다. 내가 그저 아무 말도 하지 않으면 당신이 몇 분 안에 링컨에 대해 생각할 공산은 아주 적다. 하지만 내가 "에이브러햄 링컨에 대해 생각하지 마라"라고 말하자마자, 당신이 진정으로 따르고 싶어도 그에 대한 생각을 피하기가 무척 힘들어진다. 문제는 당신이 생각하지 않아야 할 것을 생각하고픈 유혹이 거의 압도적일 수 있다는 것이다.

1과 10 사이에서 숫자 하나를 고르는 것 같은 시시한 결정들도 마찬가지이다. 내가 당신에게 이런 말을 한다고 가정해 보자. "잠시 후, 내가 1과 10 사이에서 숫자 하나를 택하라고 할 것인데, 그러나 아직은 하면 안 됩니다." 이 같은 상황에서 숫자를 생각하지 않으려는 것은 정말로 매우 어렵다. 사실, 당신은 내가 문장의 두 번째 부분을 말하기도 전에 이미 1과 10 사이의 숫자 하나를 떠올렸을 것이다. 내가 당신에게 1과 10 사이에서 숫자 하나를 택하도록 할 것이라는 말을 하자마자, 당신은 아직 하면 안 된다는 말을 듣기도 전에 숫자 7을 선택했을지도 모른다.

이제, 아직 선택하지 않아야 한다는 말을 듣자 당신은 이미 했던 일을 원상태로 돌리려고 할지 모른다. 즉, 숫자 7을 택하지 않으려고 할 수 있다. 그러나 아마 이것의 결과는 7이 "용기에 다시 넣어지는 게" 아닐 것임에 주목하라. 그 대신 7이 경합에서 전부 제거되는 것이 결과일 것이다. 우리 스스로가 무작위 숫자 생성기로 변할 수는 없기 때문이다. 문제는 당신이 이미 7을 떠올렸음을 잊을 수 없으리라는 것이다. 그래서 잠시 후 내가 어서 숫자 하나를 택하라고 말하면, 당신이 다시 7을 택할 가능성은 거의 없다. 만약 당신이 7을 택한다면, 당신은 정말 무작위적이며 연속으로 7을 두 번 택한 것을 그저 우연이라고 생각하지 않을 것이다. 자신이 숫자를 떠올리라는 요청에 항상 같은 식으로 대응하는 바보라고 생각할 것이다. 그리고 당신은 아마 당신이 부정행위를 하고 있다고 생각할 것이다 ─ 당신은 미리 선택하면 안 된다는 명령에 노골적으로 불복종하고 있었다. 그러므로 당신이 이것을 자각하지 못한다해도, 선택을 되돌린 것의 실제 결과는 숫자 7이 그야말로 경합에서 제거되는 경우가 될 공산이 크다고 생각한다.

그러나 지금 내가 당신에게 1과 10 사이에서 숫자 하나를 택하라고 말하는 대신 1과 2 사이에서 하나를 택하라는 말을 한다고 가정하자. 그리고 당신은 즉시 숫자 2를 떠올렸다고 가정하자. 이제, 당신에게 아직은 택하길 원하지 않으며 60초를 기다리고 난 다음에 숫자 하나를 택하길 원한다고 말할 때 무슨 일이 일어나는지 보자. 당신은 속으로 이와 같이 생각하기 쉽다.

어머, 저런, 이미 2를 떠올렸는데. 그래, 나는 절대 그것을 택하지 않을 거야. 그래 바로 그거야 ─ 쉽네. 좋아, 그건 안 택해져. 나는 지금 아무 생각도 안 하고 있다.

그러나 이제, 이것의 결과가 2가 고려에서 제외되는 것이라면 남은 유일한 옵션은 1이다. 따라서 당신이 조금 전 2를 택했던 사실을 어떻게든 정말로 완전하게 잊지 않는 한, 당신의 최종 선택은 진정으로 무작위가 되지는 않을 것이다. 당신이 숫자 2를 택하면서 시작했다는 사실에도 불구하고 당신의 최종 선택은 지침을 따르려는 당신의 시도에 의해 기묘하게 영향받을 것이다.

그래서 이것이 하나의 요점이다. 여기에 또 다른 요점이 있다. 당신이 두 숫자 중 하나를 떠올리며 시작하지 않더라도, 그 중 하나를 떠올리지 않으려고 하는 것은 정말 엄청 힘들다. 지금 당장 시도해 보라. 모래시계를 뒤집어 놓고 모래가 다 내려올 때까지 1이나 2를 떠올리지 않을 것이며, 모래가 다 내려왔을 때 두 숫자 중 하나를 택할 것이라고 스스로에게 말해 보라. 두 숫자 중 하나를 생각하지 않는 것이 정말 매우 힘들다. 당신이 이 과제에 성공할 수 없다는 말이 아니다. 물론 당신은 할 수 있다. 예를 들어, 당신은 어떻게든 자신을 산만하게 만들고 전적으로 다른 어떤 것에 대해 생각할 수도 있다. 그러나 성공하지 못할 수도 있다. 즉, 여기에서 핵심은 무엇인가에 대해 생각하지 말라고 요청받을 때 우리는 때때로 실패한다는 것이다. 이는 인간을 약간 궁색하게 만들지 모르지만 우리 모두 그것이 참임을 안다.

이제 여기 정말로 중요한 점이 있다. 당신이 자각하지 못하더라도 당신은 이 과제에서 실패할지 모른다. 당신은 무의식적으로 숫자 1을 떠올릴지 모르며, 때가 오면 그 숫자를 택할 계획을 무의식적으로 저장할지도 모른다. 이 점은 논란의 여지가 전혀 없어야만 한다. 우리가 인간에 대해 참이라고 알고 있는 두 가지가 있다. 첫째, 누군가가 어떤 것에 대해 생각하지 말라고 말할 때 그에 대한 생각을 피하는 것이 매우 어렵다. 둘째, 우리는 무의식적으로 온갖 종류의 것들을 한다. 무의식적으로 모든 것을 하진 않지만 무의식적으로 많은 것을 한다는 것은 분명하다. 이 두 요점을 합하면, 우리는 다음과 같이 (개연성이 높은) 가설을 얻는다.

당신이 피실험자 그룹을 택해서 그들에게 60초 안에 숫자 1이나 2를 택해야 할 것이라고 말하고, 그들에게 아직은 택하지 말라고 말하면 — 즉, 선택하기 전에 60초를 완전히 채울 때까지 기다리라고 말하면 — 적어도 이들 피실험자 중 일부는 (그것을 자각하지 못하면서) 선택하기 전에 60초를 완전히 채우며 기다리는 데 실패한다. 달리 말해, 적어도 그들 중 일부는 무의식적으로 두 숫자 중 하나를 생각할 것이고 때가 오면 그 숫자를 선택하려는 계획을 무의식적으로 저장할 것이다.

다시 말하지만, 우리 자신에 대해 알고 있는 것을 고려하면, 이는 매우 그럴듯하게 보인다. 사실상 거의 **명백**해 보인다. 이것이 참이 아니라면 정말로 놀랄 것이다.

이 모두는 단지 배경이다. 그러나 헤인즈의 연구와 매우 관련이 있다. 사실상, 그것은 자유의지의 존재와 완벽하게 조화를 이루는 헤인즈의 연구 결과에 대한 해석을 주는 것 같다. 그러므로 더 이상 이러니저러니 할 것 없이 그 해석을 보이겠다.

자유의지의 존재와 완벽하게 조화를 이루는 헤인즈 연구 결과에 대한 해석   헤인즈의 연구에서 피실험자들의 상당 비율이(즉, 그들의 20%) 오른쪽 버튼을 누를지 왼쪽 버튼을 누를지에 대해 진심으로 자발적인 결정을 내리는 데 무의식적으로 실패했다. 그들은 헤인즈의 지침들을 진정으로 따르길 원했지만 이유가 무엇이든 그것을 자각하지도 못한 채 무의식적으로 두 버튼 중 하나를 누르려는 전-선택 계획을 세웠다. 그들은 무의식적으로 이 정보를 뇌에 저장했고, 때가 왔을 때 이 계획은 활성화되었다. 달리 말해, 이 계획이 저장되었던 뇌 영역이 활성화되었다. 그리고 이 뇌활동은, 피실험자들이 무의식적으로 선택을 계획했었던 선결정 된 방식으로 선택하도록 야기했다. 이는 (일부 피험자들의) PC와 BA10 뇌 영역에서 어째서 전-선택 뇌활동이 있었는지를 설명한다(그리고 이 영역들은 계획의 형성과 저장과 연관되며 자유로운 결정과는 연관되지 않음을 기억하라).

그것은 또한 이 뇌활동이 어째서 피실험자가 왼쪽 버튼을 누를지 오른쪽 버튼을 누를지를 예측하는지 설명한다. 그리고 마지막으로, 그것은 피실험자가 어떻게 선택할지를 예측하기 위해 이 뇌활동을 사용하는 것이 어째서 어림짐작보다 단지 10%만 더 우수한지를 설명한다 — 이는 자발적인 결정을 내리는 데 피실험자 모두가 실패하지는 않았기 때문이다. 오직 일부 피실험자만이 자신들이 하려고 했던 것에 대한 무의식적 계획을 세웠다. 대부분의 피험자들은 어떻게든 이것을 피할 수 있었다. 그들 대부분은 어떻게든 진정으로 자발적인 결정을 내릴 수 있었다. (물론, 여기에서 우리 대부분에게는 자유의지가 있지만 우리 중 일부에게는 없다고 주장하는 것이 아니다. 우리 모두는 때때로 자유롭지 못하다. 우리는 모두 때때로 무의식적 계획 같은 것들에 의해 추진된다. 그러나 항상은 아니다.)

여기에서 첫 번째로 주목해야 할 점은 만약 이것이 헤인즈의 결과들에 대한 올바른 해석이라면 자유의지에 문제될 것이 전혀 없다는 것이다. 이런 연구 결과들이 보여주는 것은 우리의 결정이 때때로 무의식적 요인들에 의해 영향을 받는다는 것이 전부이다. 그러나 우리는 이미 이를 알고 있다. 그리고 이미 지적했듯이, 이로부터 우리에게 자유의지가 없다는 것이 도출되

66

우리 모두는 때때로 자유롭지 못하다.

우리는 모두

때때로 무의식적 계획 같은 것들에 의해 추진된다.

그러나 항상은 아니다.

99

지는 않는다. 우리에게 자유의지가 없음을 확립하려면 우리의 모든 갈린 결정이 무의식적 요인들에 의해 선결정 된다고 주장해야만 할 것이다. 그러나 헤인즈의 연구들은 이것이 참이라고 생각할 만한 타당한 이유를 주지 않는다. 따라서 그들은 자유의지의 존재를 부정할 만한 타당한 이유도 전혀 주지 않는다.

잠시 후, 헤인즈의 연구 결과들은 자유의지의 존재를 의심할 만한 타당한 이유를 전혀 주지 않는다는 주장을 정당화하기 위해 조금 더 말할 것이다. 그러나 먼저, 리벳과 헤인즈에 대응하기 위해 여기에서 사용한 논증 양식에 대해 조금 더 말하고 싶다. 우리는 과학적 연구를 수행할 때마다 어떤 결론을 내리기 전에 자료들을 반드시 해석해야만 한다. 이 뜻은 우리에게 자유의지가 없다는 결론에 도달하려면 어떤 특정한 방식으로 리벳-헤인즈 자료들을 우리가 해석해야만 한다는 것이다. 따라서 리벳-헤인즈 논증에 대응하는 한 가지 방법은 그들의 결론이 도출되지 않는 대안적 해석을 제공하는 것이다. 달리 말해, 우리에게 자유의지가 없다고 인정하지 않고도, 그들이 그 자료를 갖게 된 이유를 설명하는 이야기를 통해 그들의 논증을 막을 수 있다.

이제, 이런 방식으로 과학적 논증에 대응할 때마다 당신이 제공하는 대안적 해석이 터무니없는 이야기가 아님을 확인해야만 한다. 이 말이 무슨 의미인지 예를 들어 설명하겠다. 흡연과 폐암을 연결 짓는 증거들은 산더미처럼 많다. 이제 엄격하게 말하자면, 이것들이 보여주는 것은 흡연과 폐암 사이에 **통계적 상관관계**가 있다는 것이 전부이다. 우리는 이로부터 흡연이 폐암을 야기할 수 있다고 추론해야만 한다. 따라서 당신이 하고 싶다면, 그 자료들에 대한 대안적 해석을 제공함으로써 흡연이 폐암을 야기할 수 있다는 옹호 주장에 대응할 수 있다. 예를 들어, 다음과 같이 말할 수 있다.

흡연과 폐암의 통계적 상관관계에 대한 대안적 해석　물론 흡연과 폐암 사이에는 통계적 상관관계가 있지만, 이는 흡연이 폐암을 야기한다는 의미가 아니다. 통계적 상관관계에 대해 조금 다른 설명이 있을지 모른다. 예를 들어, 두 개의 다른 것, 즉 흡연 욕구와 폐암을 독립적으로 야기하는 우리가 모르는 어떤 숨은 유전자가 있을 수 있다. 이것이 맞다면 흡연과 폐암 사이에 통계적 상관관계가 분명히 있을지라도 흡연이 폐암을 야기하지는 않을 것이다. 따라서 지금 우리는 이것이 가능하다는 것을 알기 때문에 흡연이 폐암을 야기한다고 결론 내릴 수 없다. 그래서 당신이 흡연하고 싶다면 그 유혹에 저항할 만한 타당한 이유는 전혀 없다.

글쎄, 이 대안적 이야기가 분명히 참일 가능성은 있다. 그러나 이 공산은 얼마나 되는가? 극히 희박해 보인다. 즉, 여기에서 말한 이야기는 터무니없는 이야기다.

여기에서 배우게 되는 일반적인 교훈이 있다. 과학적 논증에 대응하고 싶다면 자료에 대한 터무니없는 설명을 제공해서는 대응할 수 없다는 것이다. 자료에 대한 원래 해석과 마찬가지로 그럴듯한 ― 또는 참일 공산이 있는 ― 대안적 이야기를(또는 자료에 대한 대안적 해석을) 제공하면서 대응해야만 한다.

그래서 우리의 경우에도 여기에서 제시하는 대안적인 자료 해석이 리벳과 헤인즈 같은 사람들이 제공한 해석과 마찬가지로 그럴듯하거나 개연성이 있는지 질문해야 한다. 그렇다가 대답이다.

리벳 연구들의 경우, 이는 전적으로 분명하다. 위에서 지적했듯이 우리는 준비전위의 기능이 무엇인지를 전혀 모른다. 자유의지 반대론자들은 준비전위가 특정 옵션이 선택되도록 야기한다고 단지 가정할 것이다. 그러나 준비전위는 오직 갈린 결정들의 발생에만 관련되며, 어떤 공동-최선의 옵션이 선택되는가의 문제와는 관련이 없다. 그러므로 자료에 대한 필자의 해석이 참일 공산은 리벳의 해석에 못지않다.

헤인즈 자료들의 경우, 좀 더 강력한 주장을 하고 싶다. 자유의지에 적대적인 해석보다 필자의 해석이 더욱 그럴듯하다고 ― 또는 참일 공산이 더 많다고 ― 주장하고 싶다. 이 다른 적대적 해석에서 PC와 BA10 영역의 의식적-전-선택 뇌활동은 결정을 이미 내리고 있는 뇌의 초기 신경 표지자neural signature이다. 이것을 반자유의지 해석이라 부르자. 헤인즈 자료에 대한 필자의 해석이 이 반자유의지 해석보다 더 그럴듯하다는 생각을 옹호하는 적어도 세 가지 다른 논증들이 있다. 여기 세 개의 논증이 있다.

1. PC와 BA10 뇌 영역이 자유로운 결정과 관련되는 것이 아니라 계획과 의도의 형성 및 저장과 관련된다는 가설을 옹호하는 강력하고 독립적인 증거가 있다. 따라서 필자의 해석은 이들 영역의 뇌활동이 장기적 계획의 저장과 관련된다고 보기 때문에 이 영역들에 대해 이미 알고 있는 것과 잘 들어맞으며, 그러므로 이 해석은 이들 영역의 뇌활동을 결정 자체의 초기 신경 표지자로 보는 반자유의지 해석보다 더욱 그럴듯하다.

2. PC와 BA10 영역의 뇌활동과 의식적 결정 사이에 7~10초 간격이 있다는 사실은 그 뇌활동이 실제로 결정의 일부가 아니라는 강력한 증거로 간주된다. 이는 7~10초 간격이 직관적으로는 헤인즈의 실험 결과들을 매우 인상적으로

만들어주는 것이기 때문에 약간 아이러니하다. 처음 이런 연구에 대해 들을 때 다음과 같은 생각을 떠올릴 것이다.

이런 세상에! 내가 의식적 결정을 내리기 7~10초 전에 내가 어떻게 선택할 것인지를 신경과학자들이 예측할 수 있다면, 도대체 어떻게 우리에게 자유의지가 있을 수 있겠는가?

그러나 더 많이 숙고하면 7초에서 10초 간격은 헤인즈 논증을 무효로 만드는 것의 일부로 드러난다. 인간은 결정을 내려야 할 때가 오면 이보다 더 빨리 행한다고 생각할 만한 정말로 강력한 이유들이 우리에게 있기 때문이다. 우리가 2분의 1초 이내에 결정을 내릴 수 있음을 보여주는 중요한 실험적 증거가 있다. 그리고 무엇보다 우리 모두가 이것이 참임을 안다. 우리 모두는 7초도 채 안 되게 성급한 결정을 내린 많은 경험이 있다. 그러므로 결정은 7초도 채 안 걸린다는 것을 우리가 알기 때문에 헤인즈가 관찰했던 뇌활동이 — 의식적 선택 이전 7초에서 10초 — 의식적 선택의 초기 신경 표지자였음은 그럴듯하지 않다. PC 와 BA10 영역의 뇌활동이 어떤 다른 일을 하고 있다고 가정하는 것이 훨씬 더 그럴듯하다. 그리고 필자의 해석은 이 뇌활동이 무엇을 하고 있는지에 대한 설득력 있는 이

야기를 제공한다 — 그것은 피실험자에 의해 무의식적으로 그리고 자신도 모르게 만들어지는 장기적 계획의 저장과 관련된다.

3. 필자의 해석은 PC 및 BA10 영역의 뇌활동을 사용하는 것이 어째서 어림짐작보다 단 10%만 더 정확한지를 설명한다. 이는 오직 피실험자 일부만이 자신도 모르게 그들이 하려고 했던 것에 대해 무의식적으로 계획을 세웠기 때문이다. 그들 중 일부는 간신히 어떻게든 이 일을 하지 않을 수 있어서 그들의 결정은 진정으로 자발적인 마지막 순간의 선택이었다. 반면, 헤인즈의 실험 결과에 대한 반자유의지 해석은 PC와 BA10 영역의 뇌활동을 사용하는 것이 어째서 어림짐작보다 단 10%만 더 정확한지를 설명하지 못한다. 이 반자유의지 해석의 선호자들은 정확도가 단지 10%만 증가한 이유가, 우리가 뇌에서 자료를 수입하는 데 아직 능통하지 않기 때문이라는 말밖에는 선택의 여지가 없다. 이는 정말 역지스러워 보인다.

그러므로 다시금, 필자의 자료 해석이 반자유의지 해석보다 훨씬 더 좋아 보인다. 지금 필자의 해석이 확실히 옳은 것임을 증명했다고 주장하고 싶지는 않다. 물론 PC와 BA10 영역의 뇌활동이 결정의 초기 신경 표지자일 가능성도 있다. 그러나 이에 대한 증거는 전혀 없다. 즉, 반자유의지 해석이 옳은 해석이라고 생각할 만한 타당한 이유는 없다. 그리고 이는 헤인즈의 연구가 자유의지의 존재를 의심할 만한 타당한 이유를 전혀 주지 않는다는 것을 의미한다.

정신적·종교적 관점의 옹호자들도 마찬가지 — 어느 정도는

제6장에서 무작위 -또는- 선결정 반자유의지 논증에 대응했다. 그 논증에 대응하면서 유물론적·과학적 인간관이 옳다는 것을 거의 당연시했다. 달리 말해, 인간에게 비물리적인 영혼은 없다고 가정했다. 그러나 제6장의 끝에서 정신적·종교적 인간관의 지지자들은 — 우리에게 비물리적인 영혼이 있다고 생각하는 사람들은 — 본질적으로 필자와 똑같은 방식으로 무작위 -또는- 선결정 논증에 대응할 수 있다고 지적했다.

　여기에서도 비슷한 요지를 만들고 싶다. 그러나 앞으로 보겠지만 이 경우에는 약간 함정이 있다. 이번 장에서는 과학적 반자유의지에 대응했고, 또다시 대응을 구성하면서 유물론적·과학적 인간관이 옳다고 거의 가정했다. 그러나 당신이 정신적·종교적 인간관을 지지하더라도 매우 비슷한 방식으로 대응할 수 있다.

1. 갈린 결정들이 때로는 우리의 통제를 벗어난 무의식적 요인들에 의해 영향받음을 인정하고, 그다음 갈린 결정들이 무의식적 요인들에 의해 항상 야기된다는 증거는 없다고 주장함으로써 심리학적 논증에 대응할 수 있다.

2. 준비전위는 우리가 갈린 결정을 내릴 때 행하는 특정 방식으로 선택하게 야기하는 물리적 과정의 일부라는 주장에 대해 좋은 증거가 전혀 없다는 점을(필자가 했듯이) 지적함으로써 리벳의 연구에 대응할 수 있다.

3. PC와 BA10 뇌 영역에서의 전-선택 신경활동은 비율적으로 적은 소수 피실험자들이(즉, 그들의 20%) 자신도 모르게 무의식적으로 왼쪽 버튼이나 오른쪽 버튼을 누르려는 전-선택의 장기적 계획을 세운 사실에 대한 신호일 가능성이 크다는 점을 지적함으로써 헤인즈의 연구에 대응할 수 있다.

그러므로 정신적·종교적 인간관을 지지한다면, 필자가 유물론적·과학적 인간관의 지지자들을 대신하여 대응한 것과 본질적으로 같은 방식으로 과학적 반자유의지 논증에 대응할 수 있다.

그러나 앞서 말했듯이 여기에 함정이 있다고 생각한다. 과학적 논증들은 자유의지의 존재를 의심할 만한 어떤 이유도 주지 않지만, 정신적·종교적 견해 자체에 대해 걱정할 만한 어떤 이유를 주는 것 같다. 달리 말해, 필자가 논의하고 있던 연구들은 (그리고 그것들과 비슷한 다른 연구들은) 우리에게 비물리적인 영혼이 없다고 생각할 만한 어떤 실마리를 주는 것처럼 보인다. 이에 대해 완전한 논증을 제공하려고 하지는 않겠으나 몇 마디만 하고 싶다.

여기서 한 가지 요지는 비물리적인 영혼이 어째서 잠재의식적 심적 상태들을 지니곤 했는지 알기 어렵다는 것이다. 그러나 이 점을 무시하고 헤인즈의 연구 결과에 집중하자. 우리에게 비물리적인 영혼이 있다면, 왜 우리는 계획을 BA10 뇌 영역에 저장해야만 하는가? 왜 그것들을 비물리적으로 우리의 영혼에 저장할 수 없는가? 물론 이는 일반적인 문제의 더욱더 특별한 경우일 뿐이다. 우리에게 비물리적인 영혼이 있다면, 왜 우리는 심적 행위를 수행하는 뇌를 가져야만 하는가? 또는 반대로 말하자면, 모든 심적 상태와 사건들이 신경 상태와 사건들에 상응한다면, 대관절 왜 우리는 비물리적인 영혼을 믿어야만 하는가? 모든 심적 상태와 사건들은 뇌 안에 지점들이 있는 것 같다. 믿음은 이 영역에 저장된다. 계획은 저 영역에 저장된다. 결정은 여기에서 내려진다. 추론은 여기에서 일어난다. 대관절 우리는 왜 영혼을 상정해야 하는가? 뇌는 혼자서 그 모든 것을 할 수 있어 보인다. 사실상, 인간의 마음에서 일어나는 모든 것에 신경 표지자가 있다는 점을 고려하면, 뇌는 혼자서 그 모든 것을 행하는 것 같다.

그러나 다시 말하지만 우리에게 비물리적인 영혼이 없다고 주장하려는 것이 아니다. 그저 이것을 생각거리로 던지고 있다.

8

결론

❖

이 책에서 주장한 것이 맞다면, 철학자, 심리학자, 신경과학자들이 최근에 제기했던 반자유의지 논증들은 제대로 작동하지 않는다. 그러므로 자유의지의 존재를 의심할 만한 타당한 이유가 전혀 없다.

그러나 한마디 경고가 있어야 한다. 이 책에서 필자는 우리에게 자유의지가 있다고 논하지 않았다. 단지 우리에게 자유의지가 없다는 주장을 옹호하는 논증들을 막았을 뿐이다. 이제 당신은 직관적으로는 우리에게 자유의지가 있다고 보이기 때문에 증명의 부담은 자유의지 반대론자들에게 있다고 생각할 수도 있다. 그래서 그들의 논증이 작동하지 않음을 우리가 밝혔기에 우리에게 자유의지가 있다고 믿는 것이 합리적이라고 생각할지도 모른다.

이는 잘못이라고 생각한다. 이 책에서 우리는 반자유의지 논증들이 작동하지 않는다는 점만 밝힌 것이 아니다. 우리에게 자유의지가 있는지를 묻는 질문은 직관이나 상식으로 답할 수 있는 문제가 아니라는 점도 밝혔다. 그와 반대로 우리에게 자유의지가 있다는 주장은 우리의 갈린 결정들의 인과관계에 대한 논의의 여지가 있는 과학적 가설이다. 특히, 우리에게 자유의지가 있다고 말하는 것은 다음의 가설이 참이라고 말하는 것이다.

> 적어도 가끔은, 우리가 갈린 결정들을 내릴 때 우리의 방식으로 선택하도록 야기하는 것은 아무것도 없다.[1]

이것은 상식적으로 당연한 말이 아니다. 그것은 논의의 여지가 있는 신경과학의 주장이다. 사실상, 우리에게 자유의지가 있는지 여부를 묻는 질문은 너무 어려워서, 뇌에 대한 우리의 현재 지식을 고려하면 대답할 준비를 하기에도 아직 멀었다. 우리에게 자유의지가 있다는 주장에 대한 강력한 증거를 얻으려면 다음을 모두 수행해야 할 것이다.

1. 무엇보다 먼저, 우리의 갈린 결정들을 뇌에서 찾아낼 필요가 있을 것이다. 달리 말해, 어떤 신경 사건들이 우리의 갈린 결정들인지를 파악해 내야만 할 것이다. 어느 모로 보나, 우리가 이 일을 할 수 있으려면 아직 멀었다.

2. 둘째, 우리가 어떤 신경 사건을 가리키며 그것이 갈린 결

66

사실상,

우리에게 자유의지가 있는지 여부를 묻는 질문은

너무 어려워서,

뇌에 대한 우리의 현재 지식을 고려하면

대답할 준비를 하기에도 아직 멀었다.

99

정이라고 자신 있게 말할 수 있다면, 신경 사건의 어떤 특징이 선택된 옵션에 해당하는지도 말할 수 있어야만 할 것이다. 달리 말해, 필자가 이야기하는 종류의 신경 사건을 자세히 볼 수 있어야 하며 그런 다음 그것이 바닐라보다 초콜릿일지 혹은 초콜릿보다 바닐라일지, 아니면 무엇이건 간에 그 신경 사건을 읽어낼 수 있어야 할 것이다.

3. 마지막으로, 이들 신경 사건을 연구하면서 주어진 공동 최선의 옵션들이 선택되도록 야기하는 것이 뭐라도 있는지 여부를 파악해야만 할 것이다. 특히, 적어도 가끔은 그것들이 선택되도록 야기하는 것이 아무것도 없다는 주장에 대한 증거를 찾아야만 할 것이다.

우리가 이 모든 것을 할 수 있다면, 갈린 결정들을 내릴 때, 적어도 가끔은 우리가 행한 방식으로 선택하도록 우리를 야기하는 것이 아무것도 없다는 주장에 대한 좋은 과학적 증거를 갖게 될 것이다. 그리고 이는 우리에게 자유의지가 있다고 믿을 만한 타당한 이유를 줄 것이다.

그러나 지금 우리는 이 어느 것도 행할 준비가 전혀 되어 있지 않다. 그래서 지금 당장은 우리에게 자유의지가 있는지 여부를 알 수 없다고 여기에서 말할 수밖에 없다. 우리는 이것이

미해결로 열려 있는 과학적 질문이라고 말해야만 한다.

그것이 그렇게 나쁘지는 않다. 우리에게 자유의지가 없음을 이미 확증했다고 말하는 사람들이 있다는 점을 고려할 때, 우리에게 자유의지가 있는지 여부를 알지 못한다는 결론으로 남는 것은 그리 나쁘지 않다.

여기에서 자유의지 반대론자들이 자신들의 사례를 심각하게 과장한다는 점을 밝혔다. 진실은 자유의지가 없다고 무슨 종류이건 확신에 차서 결론을 내릴 만큼 인간의 뇌가 어떻게 작동하는지에 대해 그들이 결코 충분히 알지 못한다는 것이다. 우리가 보았듯이 사람들이 제기했던 반자유의지 논증들은 전적으로 근거 없는 몇 가지 가정에 근거한다.

이런 사람들이 행한 똑같은 실수를 우리가 하지 않아야 한다고 지금 말하는 것이다. 우리는 자유의지를 옹호하는 사례를 과장하지 않아야 한다. 우리는 근거 없는 가정들을 만들지 않아야 한다. 우리는 조심스럽고 회의적이어야 한다. 우리가 무지할 때를 인정해야 하며 그렇지 않은 것처럼 가장하려들지 않아야 한다. 현실은 (a) 자유의지에 대한 질문은 특정 신경 사건들의 인과관계에 대한 엄청 어려운 질문이다. 그리고 (b) 우리는 이 주제에 아주 무지하다. 신경과학은 지난 수십 년 동안 참으로 어느 정도 놀랄 만한 진보를 이루었다. 그러나 이 과학은 여전히 유아 단계이다. 우리는 지금 당장은 자유의지에 대한 질문에 답할 준비가 되어 있지 않다. 게다가 ― 이 질문을 해결하기 위해 우리가 해야 할 일을 고려하면 ― 우리의 생애 동안 답할 수 있을 것 같지 않다. 지금 이 순간 살아 있는 자들은 인간이 어떤 종류의 권위에 의해서건 자유의지에 대한 질문에 답할 수 있기 전에 모두 죽어 묻힐 가능성이 높다.

회의적임being skeptical에 대해 한 가지 더 말하고 싶다. 당신에게 한 다발의 과학적 연구를 던지며 이 연구들이 X, Y, 혹은 Z를 확립한다고 말하는 사람들을 항상 조심해야만 한다. 당신은 이 같은 것들에 근거해 사람들을 신임할 수 없다. 그들이 무엇을 보여주는지 보려면 당신은 손수 저널 기사들을 읽어야 한다. 그럴 시간이 없다면 당신은 회의적이어야만 한다. 즉, 당신은 설득당하지 않고 회의적으로 남아 있어야 한다.

만약 똑같은 연구가 각기 다른 많은 실험실에서, 수년에 걸쳐, 여러 번 수행되어졌다면, 그리고 해당 영역의 모든 전문가가 어떤 특정 결론이 도출되는 데 동의한다면, 이는 결론이 아마도 참이라고 생각할 만한 어떤 이유를 우리에게 준다. 그러나 고립된 연구에 근거하고 있는 논증은 신뢰할 수 없으며, 특히 그 논증이 연구 결과들은 무엇을 보여주는가에 대해 논란의 여지가 있는 추론과 연관될 때는 더욱 그렇다. 이와 같은 상황에서는 설득당하지 않고 회의적으로 남아 있는 것이 항상 더 낫다.

용어 해설

인과관계

결정론적 인과관계와 확률론적 인과관계를 보라.

양립가능론

자유 의지는 결정론과 양립할 수 있다는 견해이다. 따라서 이 견해에서는 비록 당신의 행위와 결정들이 전적으로 선결정 된다 해도 — 그것들 모두가 수십억 년 전에 일어났던 사건들에 의해 전적으로 야기된다 해도 — 당신에게 자유의지가 있다는 말은 여전히 이치에 맞을 수 있다.

결정론

대략 말하자면, 모든 사건은 이전 사건들에 의해 전적으로 야기된다는 견해이다. 더 정확히 말하자면, 결정론은 자연법칙에 대한 완전한 진술은, 어떤 특정 시간의 우주에 대한 완전한 서술과 나중 모든 시간의 우주에 대한 완전한 서술을 논리적으로 함의한다는 견해이다.

결정론적 인과관계

한 사건이 이전 사건들에 의해 결정론적으로 야기되었다는 말은 그것이 이전 사건들에 의해 전적으로 야기되었다는 말이다. 달리 말해, 그것은 전적으로 선결정 되었고, 그 결과 이전 사건들은 그 사건이 일어날 수 있었던 유일한 방식으로 일어나도록 강제했다는 말이다.

경험과학

경험과학은 물리학, 화학, 생물학, 심리학, 신경과학과 같은 과학이다. 이 과학들은 물리 세계의 본성을 특징짓고자 하기에 그것들의 방법론은 관찰과 실험에 근거한다. 경험 과학은 수학과 논리학 같은 학문들과 대조될 수 있는데 이들 학문의 방법론은 통상 경험적이지 않다 — 즉, 그것들은 통상 관찰과 실험에 근거하지 않는다.

자유의지

이 용어는 정의하기 어렵기로 악명 높다. 게다가 그것이 어떻게 정의되어야
만 하는가의 문제는 극히 논쟁적이다. 매우 일반적인 두 가지 정의에 대해서
는 흄-방식의 자유 의지와 선결정 되지 않은 자유의지 항목을 보라. 많은 철학자
는 "자유의지"라는 용어가 본질적으로 "흄-방식의 자유의지"와 동의어라고
생각한다. 다른 사람들은 그것이 "선결정 되지 않은 자유의지"와 동의어라
고 생각한다. 그 밖의 사람들은 아직도 어떤 다른 정의가 주어질 필요가 있
다고 생각한다. 그러나 다시 말하지만 이 모든 견해가 논쟁적이다.

흄-방식의 자유의지

대략 말하면, 흄-방식의 자유의지는 당신이 원하는 것을 할 수 있는 능력이라고
할 수 있다. 더 정확하게 말하면, 어떤 사람이 자신의 선택에 따라 행동하고
자신의 욕구에 따라 선택할 수 있는 경우에만 그 사람에게 흄-방식의 자유의
지가 있다고 말할 수 있다.

비결정론

이는 단지 결정론이 거짓이라는 견해이다. 달리 말해, 적어도 어떤 사건들은
이전 사건들에 의해 전적으로 선결정 되지 않는다는 견해이다.

유물론

이는 여러 가지 다른 것들을 의미하기 위해 사용되는 용어이다. 이 책에서
는 인간은 순수하게 물리적인 존재라는 견해 혹은 인간은 완전히 물질로 만
들어졌으며 비물리적인 영혼은 없는 존재라는 견해를 언급하기 위해 사용
한다.

신경 과정

뉴런 항목을 보라.

뉴런

뉴런은 하나의 신경세포이다. 신경세포에 대해 가장 중요한 점은 그것들이 전기적으로 흥분된다는 점이다. 전기 신호가 하나의 신경세포를 따라 내려 갈 때 그것이 발화한다고 한다. 뇌에는 수조 개의 신경세포가 있어서 "서로 대화한다"는 의미가 있다. 하나의 신경세포가 발화할 때 그것은 다른 신경세 포가 발화하게 야기할 수 있으며, 이런 식으로 정보가 두뇌를 통해 전달될 수 있다. 이 책에서는 종종 신경 과정에 대해 이야기하는데, 그럴 때 신경세 포들의 발화를 포함한 뇌 과정에 대해 이야기한다.

신경과학

신경과학은 신경계에 대한 학제 간 연구이다. 그러므로 당연히 신경과학자 들은 신경세포와 신경 과정들을 연구한다.

비무작위성

무작위성 항목을 보라.

선결정 되지 않은 자유의지

어떤 사람에게 선결정 되지 않는 자유의지가 있다는 말은 적어도 그 사람이 내린 결정들의 일부에는 다음 두 특징이 있다는 말이다. (i) 그것들은 이전 사건들에 의해 선결정 되지 않았다. (ii) 어떤 옵션이 선택되는지를 당사자가 통제하며, 이로써 그 사람이 선택의 장본인 혹은 선택의 출처라는 의미에서 그것들은 무작위가 아니다. 그래서 이를 조금 단순하게 말하면, 당신이 금방 의식적 결정을 내렸다고 가정할 때 그 결정이 (선결정 되지 않는 자유의지라는 의미에서) 당신 자유의지의 산물이라는 말은 (a) 당신이 그것을 했고, (b) 당신 이 그것을 하게 만든 것은 아무것도 없었다는 말이다.

NPD 자유의지

선결정 되지 않은 자유의지 항목을 보라. "NPD 자유의지"는 단지 그 용어의 약 자이다.

확률론적 인과관계

어떤 사건이 확률론적으로 야기되었다는 말은 그것이 이전 사건들에 의해 야기되었지만 이전 사건들은 그 사건이 일어나도록 강제하지는 않았다는 말이다. 더 정확히 말하면, 이전 사건들은 단지 문제의 사건이 일어날 확률을 증가시켰다.

무작위성

이는 여러 가지 다른 방식으로 사용되는 용어이다. 이 책에서는 우리의 결정이 무작위로 일어나는지 아니면 비무작위로 일어나는지에 대한 질문과 관련되어 사용된다. 결정이 무작위로 일어났다는 말은 여러 가지 다른 것을 의미할 수 있지만, 이 책의 목적을 위해 가장 중요한 두 가지 의미는 다음과 같다. 첫째, 결정이 무작위로 일어났다고 말하면서 당신은 그것이 전적으로 야기되지 않았다는 말을 의미할 수도 있다. 둘째, 당사자가 결정을 통제하지 못했거나 혹은 선택의 장본인이 아니거나 선택의 진짜 출처가 아니라는 말을 의미할 수도 있다. 따라서 우리가 그 용어를 이 두 번째 방식으로 사용하고 있다면, 내가 내린 결정이 비무작위로 일어났다는 말은 내가 결정을 통제하고 있었다는 말이다. 특히, 그것은 내가 어떤 옵션이 선택되는지를 통제하고 있었다는 말이다. 또는 요지를 달리 말하면 내가 결정의 출처 혹은 결정의 장본인이라는 말이다. 중요한 질문은 결정이 이런 의미에서 전적으로 비야기된다는 의미에서 무작위적인 동시에 이 의미에서 비무작위적일 수 있는지의 여부이다. 이 책 제6장에서 이것이 가능하다고 논증한다.

갈린 결정

갈린 결정은 당신에게 여러 가지 옵션이 있으며, 어느 옵션이 최선인지에 대해 생각이 갈린 의식적 결정이다. 더 정확히 말하자면, 당신에게는 거의 공동 최선으로 보이는 여러 가지 옵션이 있어서, 당신이 무엇을 해야 하는지에 대해 전적으로 확신하지 못한다 ― 혹은 완전히 갈렸다고 느낀다. 그리고 당신은 이런 갈린 느낌을 지닌 채 결정한다.

주

제4장

1 물론, 우리에게 흄-방식의 자유의지가 있다고 말할 때, 우리가 하고 싶어
하는 모든 것을 할 수 있다고 제안하는 것이 아니다. 엠파이어 스테이트
(EmpireState) 빌딩에서 뛰어내려 뉴욕 상공을 빙빙 돌다가 센트럴파크에
부드럽게 안착하고 싶다. 그러나 물론, 할 수 없다. 그러나 여전히 필자에
게는 흄-방식의 자유의지가 있는데, 왜냐하면 하고 싶어 하는 많은 것을
할 수 있기 때문이다. 이제, 어떤 사람들은 우리 대부분보다 흄-방식의 자
유의지를 적게 가졌다. 예를 들어, 나는 거리를 거닐며 영화를 보러 갈 수
있지만 감옥에 있는 사람들은 원한다고 해도 이를 할 수 없다. 그러나 이
사람들에게 여전히 흄-방식의 자유의지는 있다. 예를 들어, 어떤 수감자가
침대 옆에 책 한 권이 있어서 그 책을 집어 읽기를 원한다면 (대부분의 상황
에서) 그렇게 할 수 있다.

2 윌리엄 제임스 인용문의 출처는 그의 논문 「결정론의 딜레마(The Dilemma
of Determinism)」(참고문헌 목록에 있는 논문의 149쪽)이다. 칸트 인용문의
출처는 그의 저서 『실천이성비판(The Critique of Practical Reason)』(참고문
헌 목록에 있는 저서의 95~96쪽)이다.

제6장

1 이는 약간의 단순화이다. 엄격하게 말하자면, 여기서 다음을 말해야만 한
다. (i) 우리의 갈린 결정들이 이전의 사건들에 의해 **결정론적으로** 야기된
다면, 우리에게는 자유의지가 없다. 그리고 (ii) 우리의 갈린 결정들이 전적
으로 야기되지 않는다면, 우리에게는 자유의지가 있다. 그리고 (iii) 우리
의 갈린 결정이 확률론적으로 (그러나 결정론적이지 않게) 야기된다면, 우
리에게는 **부분적인** 자유의지가 있다.

제8장

1   이는 약간의 단순화이다. 갈린 결정은 결정론적으로 야기됨이 없이 확률
    론적으로 야기될 수 있었으며, 이 각본에서 그것은 여전히 부분적으로 자
    유로울 수 있었다.

찾아보기

옮긴이의 글

우리에게 자유의지가 있는가? 어떤 의미에서 자유의지가 있다고 말하는가? 내 욕구에 따라 선택하고 행동할 수 있기에 자유의지가 있다면, 이렇게 자명한 자유의지를 누가 없다고 하겠는가? 우리의 의식적 결정을 생각해 보자. 만약 자유의지가 있다는 것이 매 순간 의식하며 선택해야 하는 것이라면, 이렇게 피곤한 자유의지를 누가 원하겠는가? 이런 생각들은 자유의지가 있냐는 질문이 간단하지 않음을 보여준다. 이제 이런 상황을 생각해 보자. 우리는 이따금, 다 좋은 선택들이기에 어떤 것을 택할지 팽팽히 갈리는 상황에서 고심하며 의식적 결정을 내린다. 나는 이 상황에서 결정의 당사자로서 나를 이렇게 하도록 만든 것이 아무것도 없다고 느낀다. 그런데 이렇게 생생한 의식적 결정조차도 이전에 이미 신경 사건들에 의해 결정되어 있기에 예측 가능하다고 한다면? 그래서 선결정 되지 않은 의미에서의 자유의지가 없다고 주장한다면?

의도나 욕구, 우리의 의식적 결정은 물리적 것인가 비물리적인 것인가? 자유의지 반대론자들은 인간의 의식적 결정조차도 물리적인 신경 사건으로 보는 유물론적·과학적 인간관을, 자유의지 옹호론자들은 영혼을 지닌 인간의 의식적 결정은 물리적 인과에 의한 것이 아니라는 정신적·종교적 인간관을 지지한다. 이 두 인간관이 믿음에서 대립되면서, 자유의지가 있냐는 문제는 의견의 불일치로 남겨지는 경우가 많았다. 그러나 이제 이 문제는 더 이상 의견의 불일치로만 남을 수 없다. 우리에게 비물리적인 영혼이 있다면 왜 우리는 심적 행위를 수행하는 뇌를 가져야 하는가? 저자는 자유의지가 있냐는 질문은 경험과학을 향한 질문이며, 특정 신경 사건들의 인과관계에 대한 엄청 어려운 질문임을 보여준다. 그리고 자유의지가 있다는 주장을 우리의 갈린 결정들의 인과관계에 대한, 논의의 여지가 있는 과학적 가설로 제시한다.

자유의지가 있냐는 질문은 연관된 개념들이 명료해질 때 더 잘 구성될 수 있다. 이에 결정론과 비결정론, 무작위성, 결정론적 인과관계와 확률론적 인과관계, 흄-방식의 자유의지, 선결정 되지 않은 자유의지, 갈린 결정, 신경 사건, 신경 상관자 등 여러 관련 개념들이 검토된다. 저자는 고전적인 반자유의지 논증의 문제점은 무엇보다 결정론이 참이라는 가정에 근거했음을 지적한다. 나아가 결정론이 참임을 가정하지 않은, 무작위 -

또는- 선결정 논증을 비롯한 개선된 고전적 반자유의지 논증들도 자유의지가 없다고 할 타당한 이유를 제시하지 못했음을 보여준다. 여기서 저자가 말하는 자유의지는 욕구에 따라 행위를 할 수 있다는 흄-방식의 자유의지가 아니라, 선결정 되지 않은 자유의지를 말한다. 그러면 이와 같이 비결정론적인 세계에서는 선결정 되지 않은 자유의지의 틈새가 있는가? 있다면, 두 인간관의 대립도 해소될 수 있을 것이다. 그러나 이 의미의 자유의지조차 없을 것이라고 주장하는 개선된 과학적 반자유의지 논증들이 있다.

저자는 강력한 과학적 반자유주의 논증들이 근거하고 있는 신경과학의 실험 결과들을 현재 수준의 경험과학적 성과로 받아들인다. 그리고 그 과정과 결과들을 비판적으로 해석하며, 자유의지에 대한 물음을 다시 구성한다. 많이 알려진 실험은 1983년 벤저민 리벳Benjamin Libet의 실험과 그 후 30여 년 후 존 딜런 헤인즈J.D. Haynes의 실험이 대표적이다. 자유의지 반대론자들은 이 실험들에 근거하여 우리의 의식적 결정은 우리가 선택하기 전에 발생한 비의식적인 특정 두뇌 사건들에 의해 야기되며, 세계가 비결정론적이라고 하더라도 우리가 어떤 선택을 할 것인지를 몇 초 전에 예측할 수 있음을 보였다고 주장한다. 그들의 주장이 타당하다면, 자유의지는 환상일 것이다. 저자는 그 결과에 대한 그럴듯한 다른 해석을 제시하면서, 그들의 논증이 실험 결과에 대한 그들의 해석이 바르다는, 근거 없는 가정에 서 있음을 문제시한다. 말하자면, 의식적 결정 이전에 특정 준비전위가 발생했더라도, 발생이 곧 선택 행위에 인과적 역할을 한다는 것은 하나의 해석이다. 그 기능이 무엇인지를 아직 모르기 때문이다. 헤인즈에 대해서도, 왜 전-의식적-선택 신경활동이 계획의 형성이나 저장과 관련되는 뇌의 특정 부분에서만 발견되는지, 그 실험의 예측은 어림짐작과 어떻게 다른지 등등을 물으며, 다른 해석을 내놓는다. 나아가 이들 반대 논증이 갈린 결정의 상황에서 선결정 되지 않은 자유의지가 없음을 보이지 못했다고 설명한다.

이제 인간을 개념화하는 데 중요한 자유의지 문제는 경험과학의 실험 결과들에 대한 비판적 검토를 하지 않을 수 없고, 그래서 경험과학을 향한 질문이 될 수밖에 없다. 저자는 비물리적인 영혼을 가정하지 않았고 과학적 반자유의지 논증들이 타당하지 않았던 그 자리에서, 자유의지의 존재에 대한 과학적 가설을 제시해 본다. '적어도 가끔은, 우리가 갈린 결정을 내릴 때 우리의 방식으로 선택하도록 야기하는 것은 아무것도 없다.' 이 가설이 참이라면, 우리에게는 자유의지가 있다. 이 가설은 현재 과학의 수준에서는 열려 있는 질문이다. 어떤 신경 사건들이 갈린 결정들인가? 갈등했던 선택지들은 신경 사건의 어떤 특징들과 관계있는가? 아무것도 나의 결정을 야기한 것이 없었다는 증거는 무엇인가? 신경과학의 발전과 더불어 이 질문들에 대한 경험적 성과들이 쌓여야 하며, 인간관과 관계없이 또는 더불어, 비판적으로 검토되어야 한다. 저자는 우리에게 회의적 긴장감을 잃지 말고 계속 묻고 따지길 권한다. 저자 자신이 본보기일 것이다.

어려울 수 있는 내용을 어렵지 않게, 참신하게, 쟁점과 주장을 계속 재확인해 주며, 독자를 끌고 간다. 여러 논증을 검토하는 저자의 철학적 분석력에 감탄하며, 종교와 과학 사이에서 철학이 어떤 일을 할 수 있고, 해야 하는지를 볼 수 있다.

지은이

마크 발라규어(Mark Balaguer)

캘리포니아 주립대학교 로스엔젤레스 철학과 교수이다. 『수학에서 플라토니즘과 반플라토니즘(Platonism and anti-platonism in mathematics)』 그리고 『열린 과학적 질문으로서의 자유의지(Free will as an open scientific question)』의 저자이다.

옮긴이

한정라

이화여자대학교에서 철학을 공부하고, 미국 미네소타 대학교에서 사회과학 방법론에 관심을 기울이며 철학 박사과정과 페미니즘 연구과정을 수료했다.

MIT 지식 스펙트럼

자유의지

지은이 **마크 발라규어** ┃ 옮긴이 **한정라** ┃ 펴낸이 **김종수** ┃ 펴낸곳 **한울엠플러스(주)** ┃ 편집 **조인순**

초판 1쇄 인쇄 **2021년 6월 10일** ┃ 초판 1쇄 발행 **2021년 6월 18일**

주소 **10881 경기도 파주시 광인사길 153 한울시소빌딩 3층**
전화 **031-955-0655** ┃ 팩스 **031-955-0656**
홈페이지 **www.hanulmplus.kr** ┃ 등록번호 **제406-2015-000143호**

Printed in Korea.
ISBN 978-89-460-6978-7 03100 (양장)
       978-89-460-6979-4 03100 (무선)
* 책값은 겉표지에 표시되어 있습니다.